공동체를
살리는 시리즈

마을기업
희망공동체

마 을 기 업
희망 공동체

농촌을 살리는 대안 경제

초판 1쇄 인쇄 | 2013년 11월 25일
초판 1쇄 발행 | 2013년 11월 30일

지은이 | 정윤성
발행인 | 김태영
발행처 | 도서출판 씽크스마트
주　소 | 서울특별시 마포구 신수동 448-6 한국출판협동조합 C동 201호
전　화 | 02-323-5609 · 070-8836-8837
팩　스 | 02-337-5608

ISBN 978-89-6529-034-6 03330

• 이 책은 한국언론진흥재단의 저술 지원으로 출판되었습니다.
• 잘못된 책은 구입한 서점에서 바꿔 드립니다.
• 이 책의 내용, 디자인, 이미지, 사진, 편집구성 등을 전체 또는 일부분이라도 사용할 때에는
  저자와 발행처 양쪽의 서면으로 된 동의서가 필요합니다.
• 원고　kty0651@hanmail.net

이 도서의 국립중앙도서관 출판시도서목록(CIP)은 e - CIP 홈페이지(http://www.nl.go.kr/ecip)에서
이용하실 수 있습니다.(CIP제어번호: CIP 2013022929)

마 을 기 업
희망 공동체
농촌을 살리는 대안 경제

정윤성 지음

마을과 기업, 공동체의 삼위일체

《마을기업 희망 공동체》는 농민들이 중심이 되어 공동체를 살리고
있는 우리 마을에 관한 이야기다. 쇠락해져가는 농산어촌마을을 들
여다보니 기업이 생각났고 마을과 기업을 붙여놓고 보니 공동체가
떠올랐다. 필자는 마을과 기업 그리고 공동체는 떼려야 뗄 수 없는
삼위일체 불가분의 존재라고 판단했다. 이 책은 이런 생각에서 시작
됐다.

　　많은 마을기업들이 활동하고 있지만 지속적으로 수익을 내는 기
업들은 많지 않다. 하지만 당장은 어려워도 스스로 해보겠다는 의지
를 다져가며 희망의 꽃을 피워가는 마을기업들이 있다. 척박한 토양
에서도 꺾이지 않는 의지로 새로운 마을의 역사를 써내려가고 있는
그들이 이 책의 주인공이다.

　　이 책은 마을기업이 겪었던 어려움과 좌절, 방황, 그리고 그들의
고민과 과제 등을 있는 그대로 그려내 살아있는 '마을기업 보고서'로
꾸며보려 했다. 이를테면 마을기업의 화려한 성과를 꽃에 비유한다
면, 이 책은 그 꽃을 피워낸 뿌리와 토양에 관한 글이다. 또한 이 글
은 학술 논문과 정부기관의 연구보고서가 갖고 있는 형식적 완결성
을 추구하지는 않았다. 대신 발로 뛰며 오감으로 걷어 올린 거칠지만
생생한 현장의 냄새와 직접 목격한 마을기업의 맨 얼굴을 고스란히

담았다. 이 책은 일본의 소셜 비즈니스social business, 마을기업의 성공 사례도 함께 조명하고 있다. 오랜 역사를 갖고 있는 일본 마을기업의 이야기는 우리 마을기업에게는 유용한 지침이 될 것이다.

특히, 여기에는 일본을 대표하는 8개 마을기업의 성공사례가 담겨있다. 1980년대 설립되어 일본 마을기업의 전형이라고 할 수 있는 '오가와노쇼', 잡초로 우거진 휴경논을 수익모델로 개발해서 자치단체도 포기한 마을을 살려낸 'NPO법인 에가오 쓰나게테', 농촌 여성들이 주축이 된 레스토랑으로 대박을 터뜨린 '꽃농장 아와노' 등의 사례는 펄떡펄떡 살아 숨쉬는 마을기업 교과서가 되기에 충분할 것이다. 아무쪼록 이 책이 우리 농민들과 독자들에게 귀중한 참고자료가 되기를 소망하며 독자 여러분들의 평가를 두려운 마음으로 기다린다.

거친 생각이 한 권의 책으로 나오기까지 많은 분들에게 조언을 얻고 신세를 졌다. 일본 취재를 코디네이션해준 친구 유인식, 미도리 씨, 집필 초기부터 관심을 가져주신 새전북신문의 이종근 부장님, 출판을 위해 도움을 주신 CBS방송국의 윤홍근 부장님, 한국출판문화진흥원의 정관성 팀장님, 친구 방근배에게 감사를 드린다. 마을 공동체에 각별한 애정을 갖고 있는 박원순 서울시장님께서는 추천사를 통해 힘을 실어주셨고, '마을기업 1번지' 완주의 임정엽 군수님께서도 많은 관심을 가져주셨다. 이 책을 통해서 'NPO법인 에가오 쓰나게테'의 소네하라 히사시 대표와도 소중한 인연의 끈을 이어가게 됐다. 또한 방송 프로그램을 만들고 책을 쓴답시고 하숙생처럼 살고 있는 저자를 변함없이 지지해준 아내 백은정에게 깊은 고마움의 마음을 전하고 싶다. 건강하게 자라준 쌍둥이 호현, 다연에게도 작지만 아빠의 마음을 책 한권에 담아 보낸다.

농촌문제에 대한 열정으로 이 책을 발간하도록 도와주신 씽크스마트의 김태영 대표님과 한결같이 정성스럽게 원고를 살펴주신 변지영 선생님, 세련된 편집으로 책을 돋보이게 해주신 출판사 관계자분들께도 감사의 마음을 전한다. 무엇보다 가장 고마운 분들은 거추장스런 취재요청을 흔쾌히 받아주신 한국과 일본의 마을기업 관계자들이다. 이 책의 주인공인 농촌마을 분들과의 만남은 소중한 인연으로 기억될 것이다. 부족한 생각을 책으로 낼 수 있도록 지원해주신 한국언론진흥재단에도 감사의 진심을 전한다.

2013년 11월

정 윤 성

마을기업의 오늘과 내일을 제시할 희망 나침반

나는 읍내까지 두 시간 가량을 걸어가야 하는 작은 마을, 경남 창녕의 장마면 장가리에 살았다. 때문에 마을 안에서 모든 것을 해결해야 했다. 초등학교는 마을 어린이들만이 아니라 어른들에게도 사랑방이 됐고, 마을 정자나무 아래 모여 계시던 노인들은 마을의 선생님이 되었다. 농사짓던 어른들은 함께 모여 추수하고, 판매도 했다. 마을이 학교고, 마을이 기업이고, 마을이 공동체인 시절의 이야기이다.

마을 공동체는 새로운 이야기가 아니다. 우리가 살았던 삶의 원형으로 돌아가자는 것이다. 나는 서울시장이 되기 이전에 전국의 마을을 돌아다니며 희망을 배웠다. 전국에는 자기 지역의 고유자산을 기초로 다양한 사업을 벌이면서 지역 경제의 미래를 만들어가는 분들이 많다. 나는 이분들을 통해 우리의 전통적 지혜와 마을의 특성을 살려 내는 사업들이 얼마든지 가능하다는 것을 확인할 수 있었다. 이같은 마을단위 사업은 대한민국 경제의 미래를 만들 수 있다고 확신한다.

지역 경제를 살리기 위해 일하는 수많은 풀뿌리 기업인들을 만나면서 지역의 향토자산을 일구고 이를 기초로 벌이는 사업이야말로 지역 경제의 든든한 버팀목이 되고 있다는 것을 알 수 있었다. 동시에 마을기업이야말로 마을의 일자리 창출, 마을 공동체의 형성, 지역

복지의 근간임을 깨닫게 됐다.

대표적인 예로 전북 완주군을 들 수 있다. 완주군은 희망제작소와 공동으로 커뮤니티 비즈니스를 지원하는 '완주 커뮤니티 비즈니스 센터'를 만들어 운영했다. 완주에서는 농민들이 중심이 된 풀뿌리 마을기업이 만들어져 하루하루 성장해가며 농촌의 모습을 바꿔가고 있다. 전국적인 주목을 받고 있는 로컬푸드, '두레농장'의 중심에는 바로 '마을기업'이 있다. 마을기업의 중요성을 생각할 때, 마을기업을 체계적으로 연구하고 활성화 방안을 모색하는 작업은 매우 중요하다고 할 수 있다. 특히, 역사가 깊지 않은 마을기업들에게 검증된 성공 모델을 보여주는 참고자료가 필요하다.

그런 측면에서 전주방송 정윤성 기자의 《마을기업 희망 공동체》의 출간은 대단히 큰 의미가 있다고 생각한다. 이 책은 한국과 일본을 대표할 수 있는 주요 마을기업의 발자취를 더듬어가며 마을기업의 성공요인을 분석한 저작으로 철저하게 현장에 바탕을 둔 르포형식의 마을기업 스토리는 찾아보기가 어렵다. 정윤성 기자는 직접 현장을 발로 뛰며 취재한 내용을 바탕으로 개별 마을기업의 성과와 과제를 정리했다. 우리 마을기업을 '지역자원형', '틈새시장형', '도농교류형', '농촌공동체형'으로 나눠 소개하고 있다. 마을기업 관계자들의 고민, 문제의식, 사업의 계기, 마케팅 포인트, 위기극복 등의 과정을 그려냄으로써 마을기업을 입체적으로 조명하고 있다. 이 책은 홍보에 치우친 정부 보고서의 단편성을 극복하기에 충분하고 마을기업을 준비하는 분들에게는 '마을기업 입문서'가 될 수 있다고 생각한다.

이 책에서 또 하나 주목할 점은 농촌 활성화의 핵심으로 마을 공동체의 중요성을 지적하고 있고 그 방법으로 마을기업을 꼽고 있다는 것이다. 아직까지도 기업유치에만 혈안이 돼있는 정치인과 자치단체장들에게 왜 토착 마을기업이 중요한지, 마을기업이 마을과 마을 공동체를 어떻게 바꿔나갈 수 있는지를 설득력 있게 보여주고 있다. 마을의 자산, 마을의 구성원들이 중심이 되지못한 외부 동력에 의한 발전전략은 우리 농촌의 미래상을 제시하는데 한계를 드러냈다. 이 부분에 대해서는, 왜 농촌에 공장을 유치해도 농촌 인구는 계속 감소하는지, 마을기업을 통해 마을 공동체가 어떻게 단단해질 수 있는지를 생생한 사례를 들어 설명했다.

또한 이 책은 일본의 NPO법인 에가오 쓰나게테 등 한일 양국에서 주목받고 있는 마을기업들을 자세하게 소개하고 있다. 대부분 짧게는 10년, 길게는 20년 이상 된 마을기업들이기 때문에 우리 마을기업들이 긴 안목으로 내일의 방향을 조망하는데 대단히 유용하리라 생각된다. 우리보다 소셜 비즈니스의 뿌리가 오래된 일본의 사례들은 우리 마을기업에 부족한 다양성, 역동성을 보완해주고 마을기업 관계자들의 시야를 넓혀주는데 분명 큰 도움이 되리라 확신한다.

특히, '오가와노쇼', 'NPO법인 에가오 쓰나게테'는 일본 마을기업의 어제와 오늘, 전통적 마을기업과 현대적 마을기업을 대표할 수 있는 마을기업이다. 이 책에서 다루고 있는 NPO법인 에가오 쓰나게테의 소네하라 히사시 대표는 한국에서도 여러 차례 강연을 하며 일본 소셜 비즈니스를 소개하는 일본의 대표적인 마을기업가이다. 그가 걸어온 지난 10여년의 농촌 실험은 우리에게 신선한 발상을 제공할 것이며 이 책을 통해 소개된 것은 큰 의미가 있다고 생각한다.

나는 소기업이 들꽃처럼 피어나고 강물처럼 흐르는 날이 반드시 올 수 있다고 생각한다. 그리고 그것은 지역과 마을에서 시작되어야

하고 될 것이라고 믿고 있다. 이런 작업에 있어서《마을기업 희망 공동체》는 우리 마을기업이 직면한 오늘의 좌표를 짚어보고 내일의 모습을 전망하는 나침반이 되기에 손색이 없다고 생각한다. 정윤성 기자의 출간을 축하한다.

2013년 11월
서울시장 **박원순**

마을기업의 충실한 가이드북

일본의 농촌은 과소, 고령화가 진행되어 젊은이가 부족하고 방치되는 농지가 늘어나고 삼림은 황폐화되고 있다. 그런 상황에서, 대기업 부동산 회사인 미쓰비시 지쇼 그룹, 대기업 광고대행사인 박보당, 그리고 식품제조회사 등과 연계해서 방치된 논밭, 삼림자원을 활용하는 사업을 하고 20년 가까이 해오고 있다. 버려진 논을 재생시켜 쌀을 재배하고 그 쌀로 술을 제조해서 도쿄에서 판매하고, 활용되지 않는 간벌재로 주택의 제품을 만들고 간벌재가 도쿄에서 유통되는 구조를 만들어왔다. 또한 농촌 투어리즘을 기획해서 많은 도시민들이 참가할 수 있는 구조를 만들어왔다.[1]

　　정윤성 기자와의 만남은 그가 2012년 나의 활동을 취재하기 위해 일본 야마나시현을 방문한 것을 계기로 시작됐다. 당시, 그가 취재한 내용은 〈마을기업, 스마트 농촌 만든다〉[2]라는 다큐멘터리로 한국에서 방영됐다. 그것을 계기로 돈독한 관계를 이어오게 되었다.

1　　이 내용을 정리해서 2011년 일본경제신문출판사에서 《일본의 농촌은 보물산(日本の田舎は宝の山 - 農村起業のすすめ)》이라는 책을 출간됐다. 이 책은 2013년 3월, 한국에서 《농촌의 역습》이라는 타이틀로 번역·출간되었다.

2　　JTV 전주방송, 창사특집 보도물 다큐멘터리 '마을기업, 스마트 농촌 만든다', 2012년 9월 22-23일, 오후 11시 방영. 1부는 '밀려오는 FTA, 위기의 보조금 농정', 2부는 '마을기업, 농촌공동체 꿈꾼다'로 나뉘어 방송되었다.

2013년 3월, 나의 책이 한국에서 번역·출간된 것을 기념해 서울과 한국의 도시 네 곳에서 강연을 했을 때 느꼈던 점을 몇 자 적고자 한다. 당시의 질문은 '농촌자원을 활용한 6차 산업을 시작할 때, 도시의 시장과 어떻게 연결시키는가?', '마을기업을 할 때 자금조달은 어떻게 하면 되는가?' 등이었다. 이처럼 구체적인 질문이 나온 것은 아마도 모두가 마을기업을 진지하게 검토하고 있기 때문이라 생각한다.

강연을 하면서 깨달은 점은 도시에서 농촌으로 이주하는 트렌드가 확실하게 나타나고 있다는 점이다. 강연을 했던 장소는 대도시인 서울과 지방도시 두 곳이었는데, 도시거주민들이 이농에 대한 관심이 크다는 것을 느꼈다. 그때, 많은 젊은이들로부터 도시에서 농촌으로 이주하는 방법에 대해서 아주 진지한 질문을 받았다. 실은 저도, 20년 전까지는 도쿄에서 은행을 고객으로 하는 경영 컨설턴트를 하면서 살았다. 하지만 버블 경제가 붕괴되는 것을 목격하면서 일본경제와 장래에 대한 불안을 느끼고 농촌으로 이주했기 때문에 도시주민들이 농촌이주에 대해서 갖고 있는 생각을 잘 알고 있다.

한국 역시 과소화 및 고령화되어있어 농촌 일손이 부족하고 농촌 경제 또한 꾸준히 쇠퇴하고 있다. 뿐만 아니라, 한일 양국의 식량 자급률은 세계에서도 가장 낮은 수준이다. 이러한 배경에서 농촌의 재생을 위한 노력의 일환으로 6차 산업화에 의한 농촌기업이 주목을 받게 되었고, 도시에서 농촌으로 이주하는 라이프스타일이 점차 나타나기 시작했다. 나는 이것이 장기적으로 지속될 시대의 큰 흐름이라고 생각한다. 그리하여 내가 저술한 책에서 일본의 농촌에서 사용되지 않고 있는 다양한 농촌자원을 유효하게 활용하면 10조엔의 산업과 100만 명의 고용창출이 가능하다는 주장을 펼치기도 했다. 귀농에 대한 관심이 높아지고 있는 만큼 마을기업에 대한 정보 공유도 매우 절실한 상황이다.

이 책은 정윤성 기자가 한국과 일본의 선진적인 마을기업의 사례를 취재한 내용을 담고 있다. 또한 한국의 마을기업이 어느 방향으로 가야할지에 관해 문제제기하고 이에 대한 해결책을 제시하는 방식의 충실한 가이드를 선보였다. 한국에서 마을기업에 관한 훌륭한 저작이 나오게 된 것을 대단히 기쁘게 생각하며, 이토록 훌륭한 책의 서문을 쓰게 된 것은 큰 영광이라고 생각한다. 이 책은 나에게도 추천하고 싶다. 그만큼 의미 있는 성과물로 받아들여주시고 아껴주시면 좋겠다. 정윤성 기자의 출간을 진심으로 축하한다.

2013년 11월,
NPO법인 에가오 쓰나게테 대표이사
내각부 지역활성화 전도사

소네하라 히사시

차례

왜 마을기업인가 1부

죽어 가는
'우리 마을'

"마을에는 마을극장, 학교, 공회당을 둘 것이다. 깨끗한 물을 공급하는 급수시설을 가지고 있을 것이다. 교육은 기초과정의 끝까지 의무적으로 이루어질 것이다. 가능한 모든 활동은 협동체제로 수행될 것이다."[3]

1933년 마하트마 간디는 '마을 스와라지스와라지: 자치, 자기통치'에 대해 설파하면서 마을 스와라지의 기본적인 필요조건에 대해서 이같이 주장했다. 핍박받고 헐벗은 인도의 수많은 민중을 치유할 방법으로 마을 자치 사상을 제안한 것이다. 그의 주장은 시대와 공간을 훌쩍 뛰어넘은 2013년 한국의 마을에도 유효하다. 이것은 탁월한 선각이며 인류 문명의 보편타당한 메시지인 것이다.

"우리 농촌이 망하면 보조금 때문일 것이다."

농촌 현장을 취재하던 필자는 보조금 횡령 사고가 터질 때마다

---

3   마하트마 간디, 김태인 엮음,《마을이 세계를 구한다》, p.56, 녹색평론사, 2011.

이런 말을 듣게 되곤 했다. 농촌을 살릴 목적으로 사용된 보조금이 오히려 농민의 주체적인 역량을 훼손시키고 있다는 것이다. 필자는 그때마다 예산 낭비를 지적하는 기사를 작성해왔다. 하지만 과연 지적으로만 끝나는 것이 최선인가 하는 생각이 들었다. 아무것도 없이 메말라가는 우리 마을에 과연 더 이상의 대안은 없는 것일까? 궁리하며 심각한 문제의식을 품게 되었다.

이 책의 기획 단계에서 자극이 되었던 건 일본의 마을기업이었다. 그들은 보조금이 아닌 농민들의 자발성과 로컬 콘텐츠로 마을 공동체를 살리는 새로운 동력을 생생하게 경험하고 있었다. NPO법인 에가오 쓰나게테의 대표 소네하라 히사시와 연을 맺게 된 것도 이것이 직접적인 계기였다. 그를 통해 일본 마을기업의 왕성한 현장을 취재할 수 있었고, 많은 것들을 보고 생각할 수 있었다. 황폐화된 우리 농촌과 달리 일본의 마을기업은 자발성과 생동감이 넘치는 것이 제일 인상적이었다. 무엇이 이들을 움직일 수 있게 했을까? 생각과 고민에 빠져든 필자는 그 길로 많은 곳을 찾아다니며, 자료조사를 시작하게 되었다.

FTAFree Trade Agreement: 자유무역협정, 국가 간 상품의 자유로운 이동을 위해 무역 장벽을 제거하는 협정.시대를 맞는 우리 농촌의 미래는 밝지만은 않다.[4] FTA 체제는 생산자 조직 간의 경쟁을 기본으로 한다. 이에 농림부는 농업의 최대 과제가 경쟁력 있는 생산자 조직 육성이라고 보았다. 이러한 판단에 따라서 막대한 보조금을 생산자 조직에 투입하고

4   한국과 EU(유럽연합), 한·미 FTA에 이어서 2012년부터 한·중 FTA가 진행되고 있다. 최근에는 한국·베트남 FTA까지 체결되어 2014년부터 진행될 것으로 보인다.

농외소득을 높인다는 취지에서 체험관광에도 예산을 지원했다.

그러나 수억 원이 들어간 농산어촌 체험마을은 문이 닫힌 채 방치된 상태다. 농촌마을 종합개발사업, 산촌생태마을 등 정부가 추진한 인공마을사업의 처지가 모두 엇비슷하다. 왜냐하면 정부는 예산만 집행하면 주민들 몫이라며 손을 놓아버렸고 농민들은 나랏돈으로 지었으니 잘못되어도 손해 볼 게 없다는 식으로 대응했기 때문이다. '주인'도 없고 '책임감'도 없으니, 인공마을은 산으로 갈 수밖에 없었다. 이러한 총체적 부실의 현장은 전국의 우리 마을 곳곳에 산재되어 있는 현실이다.

전북 진안군 진안읍 검북마을. 이 마을에는 한 때 33가구가 모여 살았지만 지금은 13가구만 남아있다. 눈길 닿는 곳마다 문이 닫힌 빈 집이다. 도로변에는 잡초가 우거진 폐가가 을씨년스러운 모습으로 방치되어 있다. 반우열 이장68세은 밭일을 하다말고 달려와서 마을 상황에 대해서 이렇게 설명한다.

"정부에서 아무리 좋은 사업을 주고 보조금을 지원해도 우리는 못해요. 진안군에서 해준다면 좋지만 우리 마을로서는 어떻게 해볼 길이 없어요. 보시면 아시겠지만 일을 할 사람이 누가 있습니까?"

예전 같으면 어지간한 마을 일은 주민들이 마을 공동사업으로 척척 해냈지만, 지금은 엄두도 내지 못하게 됐다는 이야기다. 마을의 경조사는 물론이거니와 경로잔치, 체육대회 등을 여는 것조차 여의치가 않다. 한마디로 자립하지 못하고 명맥만 이어가고 있다는 뜻으로 들렸다. 도저히 농경지라고 생각할 수 없이 황폐화된 그곳의 휴경논은 우리 농촌 마을의 현주소였다.

검북마을처럼 20호 미만의 이른바 과소화 마을은 빠르게 증가하고 있다. 2010년 기준으로 3,091개에 이르며, 전체 농어촌 마을의 8.5 퍼센트를 차지하게 되었다. 5년 만에 1천 개가 넘게 증가한 꼴이다. 주민 대부분은 영농규모가 적은 소농이다. 소농이 많은 마을은 생산, 유통에서 언제나 약자일 수밖에 없다. 농민들은 고령화되어 있으며 소득기반은 매우 취약하다. 이렇듯 아무런 희망을 찾지 못한 채 두 손 놓고 있게 된 것은 마을을 이끌고 갈 '공동체'가 없기 때문이다.

과거의 관습을 대신해 마을 공동체가 맡아왔던 자치의 역할은 면사무소에 넘어간 지 오래다. 겨우 자생의 힘만을 움켜쥔 채 버티고 있는 것이다. 이곳은 본인들 스스로가 10년 후면 없어질 것이라 말하는 시한부마을이다. 늙고 작아져 힘이 빠진 이 마을에 필요한 것은 과연 무엇일까?

'우리 노인네들끼리 뭘 하겠소!'

지금까지의 지역개발정책은 과도한 중앙 집중으로 경제자원이 수도권으로 빨려 들어가면서 중앙정부의 손에 좌우되었다. 지역의 열악한 재정력으로는 자체 역량을 쌓아서 발전을 도모하는 내발적內發的 발전에 눈길을 돌릴 여유조차 없었다. 각 지역마다 중앙정부의 예산과 산업자본을 유치하는데 매달렸다. 기업유치와 예산확보는 정치인과 단체장들의 최대 치적이었다.

하지만 이러한 발전모델은 지역의 역량과는 직접적인 관계가 없었다. 대신, 외부의 동력을 끌어와 지역을 변화시킨다는 철저한 외부의존형 발전전략이었다. 그 결과 농촌은 독자적인 역량을 잃고 급속하게 주변부의 길로 접어들었다. 기업을 유치하면 당장 지방세 수입 때문에 자치단체 살림에는 보탬이 될지 모르지만 농촌마을에는 기여하지 못했다.

농촌의 생활여건을 개선한다며 도로를 내고 공장을 유치했더니 농민들은 공장에 취직하기 위해 그 도로를 타고 떠나버렸다. 너도 나도 논밭을 떠나자, 빈 집이 늘고 그 논밭은 휴경논이 되었다. 공장유치로 발생한 일자리는 마을 공동체와 양립하기 어려웠다. 왜냐하면 지역민을 대상으로 한 안정적인 일자리 창출, 지역산업과의 연계발전, 지역사회에 대한 공헌은 외부 기업의 우선적인 고려 대상이 아니었기 때문이다.

1998년 나가노 동계올림픽을 앞두고 일본 나가노현의 산촌마을 나카야고우中谷鄕는 술렁거렸다. 개발에서 소외된 주민들은 올림픽으로 발생되는 특수特需를 기대하고 개발위원회까지 설립했다. 호텔, 골프장 등이 들어선다는 말도 나돌았다. 그러나 올림픽이 끝나도 바뀐 것은 아무것도 없었다. 나카야고우의 마을 만들기를 추진하고 있는 시바타 유조柴田友造 사무국장은 이것은 외부동력에만 의존한 개발론의 결과라고 말한다.

"올림픽을 치렀지만 마을에 변한 것은 없었어요. 이젠 더 이상 아무것도 기대할 것이 없다며 주민들이 마을을 떠났습니다. 인구는 계속 감소하고 학교는 통폐합되었죠. 그저 올림픽을 치르기 위해 개통한 도로만 남았습니다."

농촌관광은 농촌의 자원을 바탕으로 한다는 점에서는 한 걸음 발전한 것이지만 결과는 참담했다. 농외소득을 증대하기 위해 도입된 농촌관광은 문이 닫힌 민박시설만 남겨놓았다. 여름 한철 반짝하는 농산어촌 체험마을은 전국 도처에 무수히 널려 있다. 한국농촌경제연구원Korea Rural Economic Institute은 음식물 판매, 숙박, 체험관광 등의 도농교류에 참여하는 마을 가운데 비교적 활동이 활발히 이뤄진다고 평가되는 마을은 전체의 2.4퍼센트에 불과하다고 보고한 바 있다.[5]

들르는 곳마다 농촌 마을의 추진위원장은 '운영할만한 젊은 사람도 없고 노인네들끼리 뭘 하겠소!'라며 반문한다. 농촌을 이끌고 갈 공동체가 없는데도 정부는 보조금을 가져다가 화물차에서 시멘트를 부리듯이 마을에 쏟아 붓기만 하고 떠나버렸다. 개인 부담이 거의 없으니 주민들은 잘되면 좋고 못되어도 그만이었다. 꼭 성공시켜야 할 이유가 없었다. 그 속에서 정부보조금을 빼돌리는 도덕적 해이가 끊이지 않게 된 것이다.

주민들은 준비가 되어있지 않았고 정부는 성과에 목이 말랐다. 컨설팅 업체가 만들어준 사업계획은 어느 마을이건 판에 박힌 듯 똑같았고, 정부는 예산을 투입해 시설 공사만 끝나면 손을 놓아버렸다. 급기야 마을 주민들은 민박시설을 운영할 전기료까지 지원해달라며 손을 벌렸다. 필자가 전북지역 100개 농산어촌 체험마을 지도자를 대상으로 실시한 설문조사에서 응답자의 55.6퍼센트가 체험마을이 성공하기 위해서 '정부의 지속적인 예산지원'을 요구한 것으로 밝혀졌다.[6] 집을 지어줬더니 생활비까지 달라는 격이니 '밑 빠진 독에 물 붓기'가 되어버린 것이다.

5   채종현, 〈농어촌의 과소화 마을 실태와 정책과제〉, 한국농촌경제연구원, 2012. 6. 8.
6   정윤성, 〈농촌지역 활성화를 위한 전문 인력 운영에 관한 연구_전북지역 체험마을을 중심으로〉, p. 44, 예원예술대학교 문화영상창업대학원 석사논문, 2010.

하고자하는 의욕과 의지도 없고, 일을 감당할 능력과 준비도 되어있지 않은 이 마을에 투입되던 보조금이 끊기면 모든 것은 그 자리에서 멈췄다. 지역재단의 유정규 이사는 '소화하기도 힘든 식량보조금을 농촌마을에 쏟아 부었지만 소화능력이 부족해 먹다가 탈이 난 농촌마을이 전국에 산재해있다'고 지적했다. 이는 주민을 중심에 두지 않은 행정주도의 사업이 과잉공급된 결과일 것이다.

'두레' VS '마을기업'

정부가 마을기업을 정식으로 추진한 것은 2011년부터다. 마을기업의 역사는 아직 일천하고 미미하다. 그러나 마을기업의 원형은 우리의 삶과 멀리 떨어져 있지 않다. 왜냐하면 농경사회의 작업공동체였던 두레를 현대적으로 해석하면 결국 지금의 마을기업과 만나는 접점을 찾을 수 있기 때문이다.

두레는 생산성이 낮은 농가가 개별단위로는 하기 어려운 작업을 집단의 힘을 빌려 공동노동을 통해 해결하는 작업공동체였다. 서울대학교 한상복 교수는 "두레'는 한국인의 공동체 의식이 강하게 작용하는 집합적인 것으로 마을의 일거리에 대해서 자타의 구별 없이 공동노동을 하는 조직을 '두레'"[7]라고 정의 내렸다. 이를 곱씹어 볼수록 '마을기업'과 '두레'는 농촌공동체에서 차지하는 위상이 유사하다고 평가할 수 있을 것이다.

7 　한상복 외 공저, 《한국인의 뿌리》, 〈함께 일하고 함께 즐기던 두레〉, pp.89~94, 서울사회발전연구소, 1984.

마을기업 역시 소농, 고령농 중심의 농촌공동체가 개인의 힘을 모아 공동 작업을 통해 수익을 내서 마을 공동체의 문제를 해결하기 때문에 두레의 핵심 원리와 맥을 같이한다. 때문에 지금 이 순간에도 곳곳에 마을기업이 만들어지고 있는 것은 두레라는 역사적 전통의 뿌리가 농촌마을에 남아있는 것과 연계성이 있다고 할 수 있다.

전북 완주군 구이면, 국내 마을기업의 원조격인 안덕파워영농조합법인의 유영배 촌장은 두레에서 마을기업의 힌트를 얻었다고 말한다. 그는 마을기업의 주민출자를 추진하면서 주저하던 주민들에게 단지 돈을 벌자며 마을기업 참여를 호소하지는 않았다. 예전의 두레 정신을 계승하여 주민들이 상부상조하며 어울려 살았던 마을을 만들고 싶다고 말하며 주민들을 설득했다.

유촌장이 만들고 싶은 마을은 사소한 것 하나까지 관의 힘을 빌리는 마을이 아니라, 마을에서 필요한 기본적인 것은 주민들 스스로 할 수 있는 마을이었다. 아무리 정부의 공적보호망이 갖춰진다고 해도 농촌에서는 그 손길이 미치지 못하는 곳이 있기 때문이다. 그 공백은 오직 마을 공동체만이 메울 수 있다고 유촌장은 언급했다. 이는 원래 마을이 갖고 있던 힘을 회복하면 가능하다고 했다. 이를 이루기 위해서 그는 마을기업이 꼭 필요하다고 주장했다.

농촌다움을 찾기 위한 여정

전남 영광에서 2008년, '여민동락 공동체'를 설립했던 강위원 전 대표는 본인이 생각하는 농촌의 노인복지를 이렇게 설명한다.

"마을회관에 가보면 대부분의 어르신들은 고스톱을 치십니다.

마치 고스톱을 치면서 아프기를 기다리는 분들 같습니다. 이 분들이 최소한의 자존감을 느끼며 노후를 보내는 방법이 뭐겠습니까? 이 분들이 이런 시간을 보내는 것은 돈 벌 수 있는 일이 없기 때문입니다."

강 전 대표는 노인들이 스스로 돈을 벌어서 교회 헌금도 내고 손주들 용돈도 주면서 노후를 보내도록 돕는 것이 제대로 된 노인복지라고 주장한다. 그는 이와 같은 꿈을 실현하기 위해 마을 할머니들이 지역특산품인 모싯잎 송편을 만드는 마을기업을 설립했다.

모싯잎 송편처럼 많은 마을기업들이 만들어내는 부가가치의 원천은 마을 고유의 자원, 농산어촌의 농촌다움에 있다. 옥수수, 매실, 무, 휴경논, 배추밭, 만두, 떡, 소바, 계곡, 허브 등 마을의 콘텐츠가 부가가치의 원천소재로 탈바꿈하게 되는 것이다. 마을주민, 주부, 노인, 귀농인 등 마을의 인적요소와 물적요소가 결합해 창출하는 부가가치는 그 지역에서 순환하며 마을을 살찌운다. 마을기업은 농촌에서 내발적 발전을 가능하게 하는 가장 튼실한 동력이다.

마을기업은 마을 실정에 맞는 형태로 근로계약, 임금체계, 공장 가동 방식 등을 선택한다. 도시의 일반 기업을 생각하면 거리감이 느껴질 것이다. 일단 매출규모, 근로자들의 고용형태, 가동률 등에서 마을기업은 일반 기업과 확연하게 차이가 난다. 이는 대부분의 마을기업이 연중 지속적으로 재화, 서비스를 생산할 만큼의 안정적인 수요를 발굴하지 못했기 때문이다. 근본적으로는, 수요 자체가 적은 경우도 있다.

그러나 매출규모와 급여가 적더라도 마을기업의 구성원들이 그 안에서 일자리를 찾고 마을 공동체에 활기가 넘친다면 마을기업의 존재가치는 충분하다. 경로당에서 시간을 보내던 노인들이 마을기업에서 일하고 한 달에 40만 원을 받아가거나, 농촌 여성들이 집안일과 농사일을 끝내고 남는 시간에 마을기업에 와서 하루에 서너 시간씩 일을 하고 돌아가는 형태라도 괜찮다.

외부에서 공장을 유치하면 일자리가 생기는 대신 논밭이 방치되어 공동체가 해체되기 마련이다. 그러나 마을 주민들이 만든 마을기업에서는 일자리도 얻고 논밭의 곡식도 알뜰하게 가꿀 수 있다. 마을의 필요에 의해서 기업이 만들어지고 주민이 의사결정에 참여하고 주민이 출자를 하기 때문에 강한 책임감과 주인의식으로 기업운영에 참여하게 된다. 단순히, 공장 가동률이라는 개념으로 간단하게 마을기업의 의의를 환산해서는 안 되는 이유가 여기에 있다.

마을기업에서 중요한 것은 주민들에게 마을기업이 절실하게 필요한지를 확인하는 작업이다. 주민들에게 마을기업에 대한 목표가 뚜렷하다면 이러한 기업 활동을 통해서 그동안 뿔뿔이 흩어졌던 마을 구성원들은 하나로 모이게 되는 것이다. 마을기업의 운영으로 마을은 본래 갖고 있던 힘을 되찾아 합심하게 된다. 이를 계기로 마을의 문제를 스스로 해결할 수 있는 기반을 갖추게 되는 것이다. 이는 매출이 늘어나는 것 못지않게 매우 중요한 지점이다. 왜냐하면 이것은 바로 마을기업이 존립해야하는 본연의 이유이기 때문이다.

일본 농림성에서는 2004년부터 '일어서는 농산어촌立ち上がる農山漁村'이라는 농산어촌 경영체 인증 프로그램을 시행해오고 있다. 농산어촌에서 농림수산업을 중심으로 하여 자립적인 힘으로 지역에 활기를 불어넣는 마을기업을 발굴해 격려한다는 취지에서다. 이들은 2008년까지 도합 216개의 사례를 선정했다.

'첫째, 농산어촌을 활성화시키려는 강한 의지를 갖고 있을 것. 둘째, 지역의 매력적인 자원을 활용하여 지금까지의 관행, 고정관념에서 벗어나 새로운 시도를 할 것. 셋째, 농산어촌의 지역 경제에 자극을 주고 고용을 창출할 것.' 이것이 '일어서는 농산어촌'에서 주목하는 마을기업의 요건이다.

이 책에서 소개하고 있는 일본의 마을기업은 대부분 '일어서는 농산어촌'에 선정되어 검증을 받은 곳들이다. 하지만 여기에 선정되었다고 해서 모두가 높은 매출과 가동률 등을 꾸준히 기록하는 것은 아니다. 다만 새로운 아이디어, 실험적인 시도, 지역자원의 발굴이라는 측면에서 높은 점수를 받았을 뿐이다. 일본 농림성은 마을기업들이 이같은 노력으로 지역 발전에 힘을 주고 주민들에게 자신감을 불어넣었다는 점에 주목하고 있다. 이것은 수익성만을 따지는 기업이 자리잡기 힘든 곳에서도 마을기업이 뿌리를 내릴 수 있는 배경일 것이다.

그러나 마을기업도 엄연한 기업이다. 최소한의 수익성과 정상적인 기업 활동을 유지하려면 마을기업은 제품 생산, 판매, 유통과 관련된 일정한 요건을 갖추고 있어야 된다. 원재료를 확보해서 원하는 제품을 만들고 원하는 가격에 유통시킬 수 있는 채널을 확보하지 못하면 장기적으로 마을기업의 존립은 기대하기 힘들다. 서플라이 체인supply chain을 확보하고 있는가는 마을기업의 준비 상태를 점검하는 가장 중요한 척도가 될 수 있을 것이다.

하지만 우리의 마을기업들은 아직까지 서플라이 체인을 갖추는데 취약한 실정이다. 우리 마을기업이 서플라이 체인을 확보하는데 어려움을 겪는 것은 기업 활동의 전 과정을 조망할 수 있는 전문가가 부족하기 때문이다. 농촌 주민들은 생산 및 가공에서는 일정한 경쟁력을 갖추고 있지만 대부분 판매와 유통은 서툴다. 이 분야에서 활동 해본 경험이 부족하기 때문에 하나에서 열까지 모두 생소할 수밖에 없다.

일본의 마을기업 또한 이런 문제를 안고 있다. 농림성에서는 결국 마을기업의 운영 문제는 인력확보가 핵심이라는 점을 인식하여 도농교류에서 그 답을 찾았다. 농업과 농촌에 관심 있는 도시 인력을 농촌으로 보내어 마을기업이 취약한 분야를 지원하는 방식이 그것이다. 도시민들이 농촌에 정착할 수 있도록 지원하고 도시민들은 지원을 받는 조건으로 농촌에서 농산물 판매와 마케팅, 지산지소地産地消 등의 활동에 참여하게 된다.

마을기업은 마을자원에 대한 재발견이며, 한계상황에 직면한 외부 의존형 발전전략의 실천적 대안이 될 수 있다. 때문에 마을기업은 쇠락해가는 농촌공동체를 복원할 수 있는 마을 공동체 재생 모델로서 그 가치와 효과를 높게 인정받고 있다.

마을 살리기
프로젝트 119

개구리 울음소리, 송사리, 소, 닭, 달빛, 별빛, 밤공기, 매화, 고구마, 약초, 옥수수, 개울, 텃밭, 숲, 저수지, 과수원, 원두막, 감나무, 휴경논, 떡, 시골음식, 빈집, 다듬이질, 물레방아, 달구지, 시골학교, 폐교, 할머니, 인정人情, 풍습, 마을 축제…….

위에 열거한 것은, 지금 우리 농촌의 변신을 도와주는 마중물 같은 존재들이다. 여기에 창조적인 발상이 결합됐을 때, 이것은 부가가치의 원천이 된다. 마을에 없는 것을 무리해서 찾는 것이 아니라, 이미 마을에 있는 것을 새로운 발상과 창의력으로 접근해서 부가가치로 연결시키는 주체가 마을기업이다.

마을기업은 원래 커뮤니티 비즈니스Community Business의 개념으로 영국에서 시작되어 일본을 비롯한 각국에서 정부기능을 보완하며 지역사회의 활성화를 돕는 방법으로 채택되고 있다. 일본에서는 1990년대 중반부터 고령사회로 진입하면서 의료 및 복지비의 증가, 출산율과 지방세수의 감소 등으로 정부재정이 악화되고 공공서비스가 매우 열악해졌다. 더 이상 지역문제를 정부에만 의존할 수 없는 상황에서 커뮤니티 비즈니스가 탄생한 것이다. 이는 지역의 문제를 공익과 이익을 동시에 추구하며 비즈니스 방식으로 해결하는 것이다.

이 분야의 선구자인 호소우치 노부타카細內信孝 일본 커뮤니티 비즈니스 종합연구소장은 이를 두고 '커뮤니티 비즈니스는 지역에서 친밀한 유대관계를 맺어 실시하는 서비스 형태'라고 정의내리고 있다. 이러한 비즈니스 활동의 결과로 마을 주민들에게 일자리가 생기고 소득이 발생한다. 때문에 마을기업이 만들어낸 부가가치는 지역 내에서 순환하며 재투자되어 일반 기업보다 더 큰 지역 경제 파급효과를 가져올 수 있다. 이로써 마을 구성원들이 갖고 있던 자생력이 되살아나고 마을의 풍습과 전통, 문화행사가 복원된다. 주민들의 자치활동으로 마을의 문제를 해결하게 되므로 쇠락해있던 지역 공동체가 활성화된다. 이러한 모든 과정을 이끌어내는 것이 마을기업이다.

마을기업은 지역주민들이 중심이 되지만 자치단체, 시민단체, 기업, 농협 등이 거버넌스governance를 형성해 지역특성과 역량에 맞는 사업과 생활밀착형 서비스를 만들어내기도 한다. 정부에서는 보조금을 지원하기도 하지만, 사업 아이템을 구상해서 풀어가는 것은 전적으로 주민들의 몫이다. 이 과정에서 마을의 구심점이 생기고 마을 구성원들이 갖고 있는 잠재된 역량이 모아질 때, 비로소 마을기업은 지속성을 갖고 나아가게 된다.

정부는 2010년 9월에 '자립형 지역공동체사업'으로 184개 단체가 참여하는 시범사업을 추진했다. 2011년에는 마을기업으로 사업 명칭을 변경해서 신규 마을기업 380개를 지정했고, 103개를 재선정해서 지원했다. 지금까지 787개의 마을기업이 운영되고 있고 이 가운데 283개의 마을기업은 보조금을 지원받았지만, 지금은 보조금 지원 없이 자립해서 운영되고 있다.

2013년에는 경남 통영시의 동피랑마을을 신규 마을기업으로 지정하는 등 470개 마을기업을 지정해 전국적으로 마을기업의 수는 1,200여개로 늘어날 전망이다. 2012년 12월 기준으로, 지금까지 총 787개의 마을기업에서 494억의 매출을 올렸고 6,550개의 일자리를 창출했다. 정부는 마을기업을 운영하는 단체에 1차 년도에는 5천만 원, 2차 년도에는 3천만 원을 지원하고 있다. 이 보조금은 사업추진과 직접 관련이 있는 연구개발비, 마케팅비, 재료구입비, 홍보비 등에 사용된다.

필자가 마을기업에 주목하는 이유는 여기에 있다. 마을기업은 자발적 참여, 책임경영, 농산어촌 마을의 로컬 콘텐츠local contents가 어우러져 '농촌공동체 살리기'의 새로운 가능성을 보여주고 있다. 건실한 마을기업이 만들어지면 농민들이 조직화되어 생산과 유통에서 힘을 갖게 되는 것이다. 소득뿐만 아니라 농촌인구의 46퍼센트를 차지하는 노인들의 복지 문제에도 접근해갈 수 있다. 궁극적으로는, 이것이 과소화過疎化된 마을 공동체를 되살리는 지름길이 될 수 있다.

필자는 마을의 논밭과 농산물, 눈과 바람, 개울과 나무 등의 로컬 콘텐츠를 바탕으로 수익을 내서, 마을의 문제를 주민 스스로 해결해가는 마을기업을 통해서야만 마을을 변화시킬 수 있다는 결론을 내리게 됐다. 이 책에서는 이러한 생각을 바탕으로 과연, 우리의 마을기업들이 어떤 일을 하고 있으며 그들의 가능성과 한계점, 그리고 남겨진 과제는 무엇인지를 발로 뛰며 현장에서 일궈낸 이야기로 조명하고자 한다. 물론 일본의 마을기업 사례도 빼놓지 않았다. 아무쪼록 이 글을 읽는 이로 하여금 귀농자와 관심자에게는 좋은 정보를, 위기의 우리 농촌마을에는 활력과 생기를 불어 넣는 계기가 되기를, 또한 이들을 위한 지속적인 애정과 관심이 더해지길 소원하는 바이다.

전국 시·도별 마을기업 현황(2012년 12월 조사기준)

구분	서울	부산	대구	인천	광주	대전	울산	경기	강원	충북	충남	전북	전남	경북	경남	제주
마을기업수 (787)	1	53	45	43	31	29	17	124	62	38	47	47	63	52	48	16

1   안덕마을의 오늘을 있게 한 한증막. 문을 닫을 위기였던 한증막은 마을기업이 맡고 나면서부터 24시간 운영되는 곳으로 탈바꿈했다.

2   한증막의 내부. 쑥뜸, 폐금광 기(氣)체험, 건강식단까지 연계되어있다.

문 닫힌 한증막,
'힐링'이 되다

안덕파워영농조합법인 | 전북 완주군 구이면

외부에 잘 알려진 변변한 농산물 하나 없는 마을이 있다. 그렇다고 특산품이 있는 것도 아니다. 소량의 농산물을 인근 도시에 나가서 팔아왔던 마을 주민들이 국내를 대표하는 마을기업을 키웠다. '힐링healing'이란 말조차 낯설었던 시절, 힐링을 콘셉트로 한 휴양상품이 시장을 파고들었다. 이 마을에 무슨 일이 일어난 것일까?

전주에서 순창 방면으로 왕복 4차선 도로를 타고가다 보면 오른쪽으로 전북도립미술관과 모악산이 모습을 드러낸다. 이곳을 지나 5분 정도를 가면 우측에 '안덕마을'이라는 표지판이 나온다. 전북 완주군 구이면 안덕리는 구이면에서도 오지에 속하는 곳이다.

필자가 방문한 날, 전남 순천에서 온 노부부 가족이 전통혼례를 치르고 있었다. 평일이지만 한증막도 손님들로 붐비고 있었다. 전주는 물론이고 광주에서 단체로 방문한 십여 명의 40대 주부들이 황토색 유니폼을 갈아입고 한증막에 모여 앉아있었다. 한증막 옆방에서는 쑥뜸을 놓아준다. 뜸이 끝나면 한증막 뒤에 있는 폐광산에 들어가 땀을 식힌다. 땀을 흘리고 출출할 때가 되면 식당에 가서 밥을 먹는다.

한증막 운영은 물론 쑥뜸을 놓고 식당에서 음식을 차리는 사람들은 모두 안덕리의 마을 주민들이다. 필자는 마을 주민들이 한증막을 운영하게 된 사연이 매우 궁금해졌다.

시골주민들, 한증막을 인수하다

이 한증막이 문을 연 것은 지난 2006년. 인근 한의원에서 환자를 위한 휴식공간을 겸하여 운영하기 위해 설립했다. 숲이 울창한 농촌에 한증막이 있다는 소문이 나면서 제법 찾아오는 사람들이 있었다. 하지만 꾸준히 이어지지는 못했다. 한겨울을 빼고는 손님이 적었다. 여름에는 거의 없어서 오후 6시면 문을 닫았다.

이 마을에 사는 유영배씨는 당시 이 모습을 보면서 사업 아이템을 떠올렸다. 한증막을 주민들이 운영해도 되겠다는 생각이었다. 한의원의 환자들이 숲속을 거닐면서 신선한 공기를 마시고 약초를 캐고 달여 마시는 것을 보면서 주민들도 기본적인 것은 할 수 있겠다고 판단했다. 한증막 운영에 어려움을 겪던 한의원에서도 주민들이 맡아보겠다고 하자, 흔쾌히 수락했다.

유영배 촌장은 2007년부터 안덕리 마을 네 곳의 주민들을 만나 한증막을 운영해보자며 설득했다. 조그만 농촌마을이 들썩거렸다. 설득하는 데는 일 년이라는 시간이 걸렸다. '우리가 그것을 할 수 있겠냐, 하다가 망하면 어떻게 하나', 별의별 소리가 다 나왔다. 일부에서는 한증막 운영한다고 촌장이 쑥뜸 놓다가 잘못하면 의료법 위반

안덕파워영농조합법인 정기총회

으로 잡혀간다는 말까지 나왔다. 그만큼 여러모로 두려움도 많았고
걱정도 많았다.

"주민 출자로 이어지기까지는 말 못할 어려움이 많았습니다. 거
의 반신반의 동의를 안했어요."

유영배 촌장이 주민들을 설득하면서 꺼낸 말은 두레였다. 옛날
두레처럼 마을 주민들이 상부상조해가며 마을 일을 해보자는 뜻이
었다. 일단 취지에 공감하는 주민은 많았다. 그러나 2008년부터 출
자금을 모집했지만, 25명만 참여하게 되었다. 25명만으로는 마을
네 곳의 대표성이 떨어지기 때문에 최대한 조합원을 늘렸다. 마침내
2009년 1월, 53명으로 안덕파워영농조합법인이 출범하였다. 주민들
이 낸 1억 3천만 원의 출자금은 종잣돈이 되었다.

곧바로 그 해 8월, 한의원과 마을 주민들 간의 협약이 체결됐다.

두 달 동안의 인수기간을 거쳐 10월부터 주민들이 한증막을 맡게 된 것이다. 월 250만 원의 임대료를 내는 조건이었다. 유영배 촌장은 당시 정부의 보조금 한 푼을 받지 않고 전액 주민들의 힘으로 사업을 추진했지만, 자신이 있었다. 농촌문제에 관심이 있던 일부 교수들은 왜 농촌에 맞지 않게 한증막을 하냐는 지적을 하기도 했다. 하지만 유영배 촌장은 한증막과 같은 거점이 필요하다고 판단하며 이렇게 말했다.

"2008년에 모악산에서 열흘 동안 직거래 장터를 했습니다. 주민 10명이 가서 꽤 팔았지만 인건비, 교통비 빼면 남는 게 많지 않았어요. 그 때 이런 생각이 들었어요. 꼭 사람 있는 데를 찾아갈 필요가 있느냐. 사람들을 마을로 오게 하자. 우리 마을에는 충분한 자산이 있다."

그러면서 한의원에서 운영하던 한증막을 떠올렸다는 것이다. 당시만 해도 한증막이 있는 농촌은 드물었다. 이것이 나름대로의 경쟁력이 있다고 판단하게 된 이유였다.

군청 찾아갔더니 사기꾼처럼 쳐다봐

"한마디로 사기꾼 쳐다보듯이 보더라고요. 또 무슨 보조금을 빼먹으려고 왔나하는 시선으로 담당직원이 저를 바라봤습니다."

당시 유영배 촌장이 법인을 만들기 위해 완주군청을 찾아갔을 때의 에피소드다. 그때만 해도 농촌에서는 보조금 사고가 적지 않게 터져 나왔다. 보조금을 받으려면 법인을 구성해야 되는데, 다섯 명만 있으면 법인이 만들어졌다. 본인, 처, 아들, 아버지, 어머니, 며느리,

큰아버지 등 가족끼리 법인을 만들어도 문제가 되지 않았다. 하지만 그런 방식으로 급조된 법인들은 거의 운영이 되지 않거나 보조금이 끊기면 활동이 중단됐다. 또한 보조금을 타기 위해 법인이 만들어지면서 보조금 횡령사고가 끊이지 않았다. 이러한 상황에서 53명의 안덕리 마을 주민들이 모은 1억 3천만 원의 출자내역과 주민들의 인감증명 첨부 문서를 보고 군청 담당자는 깜짝 놀랐다고 한다.

유영배 촌장은 법인을 만들면서 한 가지 원칙을 고수했다. 수익이 발생했을 때 수익금이 한 사람에게 몰리면 안 된다고 생각해서 일인당 출자금 상한선을 자본금의 10퍼센트로 정했다. 몇 사람의 고액 출자자 중심으로 운영되면 법인운영에 공동체의 의미가 퇴색한다고 판단했기 때문이다. 한 구좌당 만 원이었다.

이렇듯 주민들이 출자해서 만든 마을기업에 큰 관심을 보인 사람이 있었는데, 그가 바로 지금의 박원순 서울시장이다. 《마을회사》라는 책을 출간했던 박시장은 일찍부터 농촌공동체와 커뮤니티 비즈니스의 접목 가능성을 주시해오고 있었다. 박원순 시장은 2009년부터 해마다 안덕마을을 방문했다. 번잡한 서울 생활을 피해서 안덕마을에 내려와 한동안 황토방에서 머물렀다. 이곳에서 책도 쓰고 마을 공동체가 돌아가는 모습을 가까이서 지켜봤다. 직접 식당 주방까지 들어가서 식사를 준비하는 할머니들을 격려해주고 농산물 판매 실명제와 판매 시스템, 6차 산업 등에 대해서도 폭넓은 조언을 해줬다.

"처음에 한 마디씩 던질 때는 그게 무슨 말인지 몰랐습니다. 잘 이해도 안 되고 그냥 말로만 하는 소리인줄 알았는데, 지금 와서 보니까 이해가 되더라고요."

유영배 촌장이 말했다. 이제사 깨닫게 되었지만, 당시 박시장의 조언은 안덕리 마을기업이 가야할 방향과 긴밀하게 이어져 있었다고 언급했다.

힐링을 테마로 잡다

안덕영농조합법인이 뿌리를 내릴 수 있는 것은 모악산이 있기 때문이다. 793미터의 모악산은 증산교의 성지이며 미륵도량 금산사를 품고 있다. 미륵신앙의 본거지인 이곳에는 다양한 민중종교가 터를 잡고 있다.

원광대학교 조용헌 교수는 '모악산은 계룡산과 더불어 한국 민중종교의 메카'[8]라고 주장한다. 이름에 어미 '모母'자가 들어가 그 성격이 포근한 모악산母岳山은 암벽의 돌출이 심하지 않고 흙이 많이 덮여 있는 음산陰山이다. 음산은 비가 오면 물이 곧바로 계곡으로 빠져 나가지 않고 머금고 있다. 이 때문에 도를 닦는 수도인들이 가장 선호하는 산은 물과 산이 어우러진 산이라는 것이 조용헌 교수의 설명이다.

그래서일까. 2002년 영국인 명상 여행단이 다녀간 뒤로 해마다 해외 명상 수행자들의 발길이 끊이지 않고 있다. 국내에서 모악산을 찾는 명상인들은 연간 2만 명이 넘는다. 그들은 모악산 입구에서 천일암까지 이어진 선도仙道의 계곡을 오르며 명상체험을 한다. 안덕마을은 이처럼 역사적인 뿌리에서 체험마을의 암시를 얻었다. 명상을 하러 오는 사람들은 세상사에 지친 사람들이다. 이 사람들에게는 휴

---

8   김판용 · 신정일 · 조용헌 공저 ,《모악산 Ⅱ_위대한 어머니의 산》, pp.107-108, 전북도민일보사, 2001.

안덕마을 전경

식이 필요하다. 한증막을 운영하면서 마을 주민들은 힐링을 테마로
정했다. 당시는 전국적으로 체험마을마다 아이들을 겨냥해 고만고만
한 농촌체험 프로그램을 운영하고 있을 때였다.

　　힐링 테마를 기획하면서 주된 고객은 자연스레 성인 위주가 되
었다. 이전에 어린이를 대상으로 한 체험 프로그램을 운영했지만 수
익성이 맞지 않아서 접을 수밖에 없었다. 계절에 따라 매출의 변동이
심하고 지속성이 떨어졌다. 어린이를 대상으로 한 이 마을만의 색깔
있는 프로그램을 내놓기는 생각보다 쉽지 않았다.

　　한증막, 쑥뜸, 건강 식단, 황토방, 모악산 둘레길 등으로 프로그

램을 짜면 건강 콘셉트와 어울릴 수 있을 것 같았다. 다른 지역과도 뚜렷하게 차별화했다. 농촌에 한증막이 있는 체험마을은 거의 없었기 때문에 쑥뜸, 건강 식단, 황토방, 둘레길 등을 고루 갖춘 마을 또한 찾기 어려웠다.

성인 타깃으로 맞추면서 기업을 비롯한 각종 단체들의 문의가 들어왔다. 전라북도에서 추진하는 향토마을로 지정되기도 했다. 이에 세미나실을 확충해서 기업들의 각종 행사, 워크숍, 수련회 등의 모임을 유치했다. 농업관련 세미나가 전북에서 열리면 이 마을로 끌어왔다. 건강에 관심 많은 직장인들은 힐링 테마에 관심을 보였다.

그 결과 매출은 예상을 뛰어넘었다. 2012년 기준으로 연매출액은 6억 3천만 원이다. 주요 수입원은 한증막, 숙박, 식당, 체험 프로그램이다. 초기에는 한증막의 수입이 가장 많았다. 여름이면 오후 6시에 문을 닫았던 한증막은 주민들이 맡고 난 다음부터는 24시간 운영으로 바뀌었다. 한증막 요금은 평일에는 6천 원, 주말에는 8천 원이다.

지난해부터는 식당과 숙박매출이 한증막을 따라잡았다. 황토방이 14개나 되지만, 주말예약은 한 달 전에 끝날 정도다. 일 년에 3만 5천명에 가까운 방문객이 다녀가고 있다. 성수기에는 주말에 1천명에 가까운 관광객이 방문한다. 최근에는 전통혼례와 다도 등의 체험매출이 급상승하고 있다.

계속 새로운 것을 발굴해라

2009년 안덕파워영농조합법인은 시작과 함께 50년 동안 가꿔나갈 마을의 모습을 그려보기로 했다. 중장기 발전계획을 세운 것이다. 지

역에도 컨설팅 회사는 많았지만 좀 더 적합한 적임자를 발 벗고 찾아
나서기로 했다. 석 달 동안의 수소문 끝에 (주)이장의 임경수 박사를
만나게 되었다. 경기도 안성까지 임경수 박사를 직접 찾아가서 마을
운영의 구체적인 실행계획을 부탁했다. 그때부터 지금까지 안덕마을
은 이 실행계획에 따라 운영되고 있다.

　　필자는 2011년부터 세 차례 안덕마을을 둘러봤다. 그때마다 조
금씩 눈에 보이는 변화가 있었다. 최근에 방문했을 때는 한증막 건물
건너편에 아이들을 위한 놀이시설이 들어서 있었다. 완주군의 지원
을 받아 2012년 어드벤처 체험시설을 조성했다는 것이다. 3만 명이
넘는 유료관광객이 다녀가는 마을에 아이들 쉼터 같은 공간 하나는
있어야 되지 않겠냐며 완주군을 설득했는데 감사하게도 일사천리로
일이 진행되었다고 한다.

　　주로 기업과 단체 모임으로 각광받다가 최근에는 가족단위 방문
객들도 늘고 있다. 트렌드가 가족 위주로 바뀌면서 아이들을 위한 공
간이 필요했다. 유촌장은 어떻게 하면 될까 고민하다 공원과 놀이기
능을 겸한 시설에 생각이 꽂혔다. 이것은 벤치마킹할 수 있는 모델을
찾기 위해 유영배 촌장이 직접 유럽까지 가서 찾아낸 아이템이었다.
어디를 가도 볼 수 있는 정자와 벤치, 체육시설이 아니라 서바이벌
체험장 등에서 할 수 있는 독특한 놀이시설이었다. 그 옆에는 공작새
와 토끼 등의 우리도 만들었다. 이 어드벤처 시설을 통해 4월부터 6
월까지의 비수기를 극복하는데 도움을 쏠쏠하게 받고 있다.

　　유영배 촌장은 마을의 경쟁력을 유지하기 위해서는 계속해서 새
로운 부가가치를 발굴하지 않으면 안된다고 강조한다. 그 첫 번째 시
도가 멜라초였다. 산괴불주머니라고도 불리는 멜라초는 일반 식당에

어린이들을 위해 조성한 어드벤처 시설.

서도 찾기 어려운 야생초다. 하지만 마을 주민들은 어렸을 때부터 먹어봤고 고기를 싸먹기도 했다. 이 멜라초는 입맛을 돋우고 숙면을 취하는데 효과가 있다. 이 특성으로 착안하게 된 것이다.

　주민들은 11월 농한기 때, 멜라초를 재배해서 4주만 지나면 수확할 수 있었다. 영농법인에서는 전량을 사들여서 한증막을 방문한 손님들에게 팔았다. 쌉싸름한 맛을 갖고 있지만, 한증 후에 먹으면 숙면에 도움이 된다고 홍보했더니 하나 둘씩 관심을 갖기 시작했다. 식당에 내놓았을 때 처음에는 찾는 사람이 적어서 버리기도 했지만, 지금은 소문이 나서 멜라초를 구하기 위해 50명의 대기자가 기다리고 있을 정도다. 그때부터 이 마을에서는 한겨울이면 멜라초 재배가 본업이 되다시피 했다. 올해는 3억 원의 매출을 기대하고 있다.

　최근에 도자기 체험관도 문을 열었고 곧 음식체험관을 준공할 계획이다. 이것은 정부의 지원을 받는 방식이 아니다. 관련 분야의 전문성 있는 사람들을 이 마을로 귀농시키는 방식이다. 음식체험관은 이 분야 전문가가 이곳에 땅을 사서 귀농한다는 소식을 듣고 그 땅에 음식체험관을 짓고 운영해준다면 마을 땅의 일부를 싼 값에 내놓겠다고 제안해서 건립하게 된 것이다. 마을에서는 땅의 일부를 내놓았고 나머지는 귀농인이 돈을 대서 성사된 일이다. 이 음식 체험관에서는 산약초 음식과 치유 음식 등을 선보일 계획이다.

관광상품도 소비재의 일종이다. 바람을 타기 마련이고 일정한 트렌드를 형성한다. 매달 매출형태를 분석해서 트렌드의 변화가 포착되면 거기에 맞는 마케팅을 한다. 마케팅은 많은 돈을 들여서 하는 홍보가 아니라 이 마을에 담겨있는 이야기를 끌어내는 방식이다. 한증막 뒤에 있는 폐광이 그렇다. 예전에 금광으로 사용되다 폐광이 됐기 때문에 금의 기운을 느낄 수 있다고 홍보를 했더니 한증막 이용객들이 일부러 찾더라는 것이다.

왜 우리 마을만 못사나

안덕파워영농조합법인이 생기면서 시골 마을에는 크고 작은 변화가 생겼다. 한증막을 중심으로 한 공간에서 마을 주민 열두 명이 일자리를 얻었다. 한증막에 세 명, 체험사무국에 여섯 명, 식당에 세 명이다. 바쁠 때는 서로 달려가서 돕는다. 열두 명 가운데 무려 다섯 명이 70대 이상이다. 그들은 한 달에 120만 원에서 150만 원의 월급을 받는다. 노인들은 대만족이다.

일자리가 생긴다고 하자, 마을 주민들은 적극적으로 참여했다.

안덕마을의 유영배 촌장.
농촌자원을 이용해 끊임없이
새로운 부가가치를 창출해낼
수 있는 안목과 능력을 갖춘
마을기업의 혁신 리더다.

주민들이 쑥뜸 놓는 법을 배워 한증막 이용객들에게 뜸을 놔줬다. 한증막 2층에 있는 식당은 마을의 할머니들이 맡았다. 처음에는 엄두가 나지 않아서 외부에서 주방장을 고용했지만, 지금은 그 밑에서 배운 할머니들이 매끄럽게 운영해내고 있다.

"힘들 때도 있지만 재밌어요. 내가 만든 음식을 손님들이 맛있게 먹는 것을 보면 좋고, 농사짓는 것보다 급여도 훨씬 좋고요."

식당에서 일하는 최광자 할머니는 만족스러운 표정을 지었다. 식당에서 사용하는 식재료는 모두 마을 주민들이 재배한 것이다. 화학조미료를 쓰지 않는 건강 식단으로 입소문이 나면서 이용객들도 꾸준히 이어지고 있다. 이는 고령화된 농촌마을에서 일자리와 소득, 노인과 마을 공동체 등의 문제를 주민들 스스로 풀어가기 위해 힘쓰고 있다는 점에서 큰 의미를 갖고 있다. 왜냐하면 고령화된 농촌일수록 자치단체에서 관심을 기울인다고 해도 손이 미치지 않는 곳이 많기 때문이다.

2012년에 일어난 제주도 올레길 관광객 살인사건을 기억할 것이다. 그때, 경찰서에서 CCTV를 설치하자는 연락이 왔다고 한다. 하지만 안덕마을에서는 이미 마을 스스로 CCTV를 설치했기 때문에 필요가 없었다. 이처럼 마을에 정말 필요한 것은 마을 스스로 해결할 수 있어야 된다. 이를 위해서는 돈이 필요했고, 그래서 유영배 촌장은 마을기업을 시작하게 되었다고 한다.

올해 48세인 유촌장은 이 마을에서 태어났다. 초등학교를 졸업하고는 구이면 소재지에 있는 중학교에 다니기 위해 마을을 떠났다. 그때만 해도 이 마을에서 면 소재지까지 가는 버스가 하루에 두 차례밖에 없었기 때문에 면 소재지에서 하숙을 하며 학교를 다녀야했다. 성장해서는 건설업에 뛰어들기도 했다.

유촌장은 시민단체 활동으로 인해 마을에 관심을 갖게 되었다. 2006년 전주시민회 일원으로 상수도민간 위탁반대활동에 참여하면서 정부와 지자체, 주민간의 문제에 비로소 눈을 뜨게 되었다고 했다. 문득 '왜 우리 마을은 하나도 변한 게 없나, 왜 못 사나'에 대한 강한 문제의식이 싹트면서 마을을 잘 살게 해보고 싶다는 생각이 들었단다. 그때부터 본격적으로 마을 공동체와 마을 사업에 뛰어들게 된 것이다.

현재 안덕파워영농조합법인의 조합원은 73명이며, 자본금은 2억 원으로 늘었다. 현물로 출자한 것까지 더하면 5억 원 정도로 추산된다. 그만큼 마을 주민들의 전폭적인 지지를 얻고 있는 것이다. 조합원들은 대부분 70대 이상이다. 이 마을기업은 후계자를 잘 양성하고 1세대 조합원들이 추구했던 공동체적 가치를 잘 물려주는 것이 과제다. 가치가 변질되어 돈벌이에만 치중하면 마을기업은 존립할 수 없기 때문이다. 유영배 촌장은 한증막에서 근무하는 열두 명의 직원만 잘한다고 해서 되는 것이 아니라 마을 주민 전체의 참여가 있어야 마을기업이 영원토록 지속될 수 있다고 힘주어 말했다.

1. 도농교류가 지속적으로 이뤄지기 위해서는 일정한 거점 또는 집객시설이 필요하다. 이 마을기업은 24시간 운영되는 한증막을 통해서 남녀노소가 어느 때라도 방문할 수 있는 확실한 집객(集客) 거점을 확보했다.

2. 이 마을만의 독특하고 차별화된 콘셉트를 내세웠다. 휴식, 명상 등으로 대표되는 '힐링'을 주제로 삼고 성인 방문객들을 공략했다. 어린이를 대상으로 하는 체험마을과는 확실하게 구별되는 콘셉트이다. 이런 테마는 직장인과 단체모임, 자치단체의 워크숍, 연수회 등을 유치하는데 효과를 나타냈다.

3. 이들은 끊임없이 새로운 부가가치를 창출하고 있다. 체험관광은 유행을 타기 때문에 가만히 앉아있는 마을기업은 소비자들에게서 외면받을 수 있다. 이 마을기업은 관광객들이 재방문할 수 있도록 새로운 볼거리를 제공하고 있다. 멜라초, 아이들을 위한 어드벤처 시설, 도자기 체험관, 음식 체험관 등이 바로 그것이다.

안덕파워영농조합법인

주소 전북 완주군 구이면 안덕리 95번지
설립 2009년
원천소재 한증막, 농산물, 모악산, 폐광산
경쟁력 힐링 콘셉트.
연락처 (063)227-1000
홈페이지 www.poweranduk.com

집념으로 탄생시킨
'명품 옥수수'

영농조합법인 군위 찰옥수수 | 경북 군위군 소보면

옥수수라고 하면 보통 강원도를 떠올린다. 그런데 최근 경상북도에서 옥수수로 대박이 터졌다. 옥수수를 이용한 가공식품이라지만 국수, 빵, 죽이 아니다. 외형상으로 보면 옥수수의 원형을 그대로 유지하고 있다. 옥수수를 어떻게 했길래 전국적인 주목을 받게 됐을까? 농민들의 집념과 도전정신이 빚어낸 작품이 바로 '군위 찰옥수수'다.

"알아줘서 고맙기는 한데 취재하러 오지는 마세요."

"왜 그러십니까?"

"여기저기 알려지니까 우리 것을 본 따서 옥수수를 만들잖아요."

필자가 군위 찰옥수수를 취재하기 위해 영농조합법인 군위 찰옥수수의 손태원 대표이사와 전화로 나눈 대화내용이다. 마치 군위 찰옥수수의 현주소와 내일의 과제가 이 대화에 오롯이 담겨 있는 듯했다. 통화중에도 부근의 산업단지 입주업체에서 여섯 박스를 보내달라는 주문이 들어왔다. 올해도 옥수수 물량이 딸릴 것 같다고 했다. 한마디로 잘 나가는 마을기업이었다.

경북 군위군 소보면 신계리, 군위 찰옥수수 공장에는 배송과 출하를 앞둔 찰옥수수 제품이 산더미처럼 쌓여있었다. 올해 64세인 손태원씨는 흙 묻은 작업복을 입고 들어와서 '이 촌까지 오시느라 얼마나 수고가 많으셨습니까?' 라며 인사를 건넸다. 구수한 경상도 사투리에 수더분한 경상도 아저씨였다. 손대표는 자리에 앉자마자 이렇게 이야기를 시작했다.

"군위 찰옥수수는 농민들의 땀이 모아져 탄생시킨 것입니다. 집념으로 빚은 찰옥수수라고 할 수 있습니다."

사업실패 후 고향에서 만난 옥수수

손씨는 만만치 않은 인생역정을 지나왔다. 원래 손씨는 경북 구미에서 20년 동안 전자 오르간 케이스를 만드는 공장을 운영했다. 공장을 두 군데 운영하고 종업원은 40명이나 고용하며 돈도 잘 벌었다. 본인 말대로 '잘 나갔다'고 한다.

두려울 게 없었다. 모든 것이 탄탄대로처럼 보였다. 그러다 1997년 IMF 위기가 찾아왔다. 가공단가는 점점 낮아지고 임금은 높아지면서 수익성이 급격하게 악화됐다.

"그 때는 사업이 잘 됐습니다. 정말 잘 됐습니다. 저는 항상 잘될 줄만 알았습니다. 그래도 돈을 벌면 관리를 해야 하는데 버는 대로 쓰기만 했죠. 전혀 대비가 없었습니다."

손대표는 이런 상황에서 닥친 IMF 외환 위기에 맥없이 나가떨어졌다. 20년동안 잘되던 사업이 하루아침에 문을 닫게 되면서 손대표에게는 우울증이 생겼다. 이어 대인기피증까지 찾아왔다. 5년 동안

정신과 치료를 받았고, 한 때 그는 극단적인 생각까지 했단다. 손대표의 눈시울이 붉어지며 잠시 목이 잠겼다.

그런 손씨를 품어준 곳은 노모가 살고 있는 고향, 경북 군위군 소보면이었다. 도피하다시피 내려온 고향에서 손씨는 양봉을 시작했다. 마음의 상처도 점점 아물어갔다. 그리고 우울증도 치료되어 다시 사회생활도 할 수 있게 되었다.

양봉은 벌이 화분을 모아야 하는 작업이다. 생산량을 높이려면 벌의 먹이가 되는 화분이 많이 필요했다. 그래서 눈길을 돌리게 된 것이 옥수수였다.

영농조합법인 군위 찰옥수수 손태원 대표. 중소기업을 운영하면서 좌절을 맛보기도 했지만 그 경험이 '군위 찰옥수수'에서 꽃을 피웠다.

버려지는 찰옥수수, 가공에서 답 찾아

일이 되려고 그랬을까. 마침 군위군에서 군위 찰옥수수를 특화사업으로 추진한다는 발표가 있었다. 금세 마을에서는 작목반이 만들어졌다. 손대표와 찰옥수수의 첫 만남은 이렇게 시작됐다.

원래 군위군은 옥수수 집산지가 아니다. 다만, 경북대학교의 실습농장이 군위군에 있었고 옥수수 박사로 유명한 김순권 박사가 옥수수 종자를 공급하기로 하면서 찰옥수수 사업이 시작된 것이다. 농민들은 팔을 걷어 부치고 친환경재배까지 추진했다. 처음에는 수확량이 잘 나왔지만, 3년이 되던 해는 잡종이 나와서 큰 손실을 보기도 했다.

군위군의 옥수수특화사업은 옥수수를 재배해서 원물을 판매하는 사업이다. 군에서 지원해준 것은 창고였다. 옥수수는 7월부터 9월까지 수확한다. 이때 팔지 못하면 처분할 길이 막막해진다. 수확하고 사흘만 지나도 맛이 떨어지기 때문에 좀 덜 익은 풋옥수수를 수확해서 출하한다. 농민들은 애써 키운 옥수수가 판로가 없어서 숱하게 버려지는 것을 두 눈으로 지켜봤다. 구미에 있는 여러 회사에도 팔았지만, 계약이 잘못되어 그냥 가져와 몽땅 버린 일도 있었다. 답답했지만 길이 없었다. 이대로 가서는 특화사업이고 뭐고 앞길이 캄캄했다. 고심에 고심을 거듭하던 손대표에게 어느 날 번뜩 아이디어가 스쳐 지나갔다.

"옥수수 수확철에 판로를 늘리는 것은 한계가 있습니다. 판로를 늘리기보다는 일 년 내내 판매하는 쪽에서 뭔가 답이 없을까 생각이 들더라구요."

수확은 7월부터 9월에 하더라도 아무 때나 팔수만 있다면 그보다 더 좋은 해법은 없을 것 같았다. 결국 연중판매를 하려면 옥수수를 가공해야 한다는 결론에 이르렀다. 생각이 여기까지 진척됐을 때, 거짓말처럼 중국산 가공 옥수수가 눈에 들어왔다. 당시 편의점에서는 진공포장된 옥수수 제품이 판매되고 있었다. 전자레인지에 데워서 간편하게 먹을 수 있기 때문에 '저것이라면 한 번 해볼 만하겠다' 하는 생각이 들었다. 대신, 이미 출시되어있는 중국산과 겨루려면 차별화가 필요했다. 이왕 시작한 김에 특허까지 낼 정도로 확실하게 차별화를 시켜보자고 마음먹었다.

그래서 생각한 것이 한방 옥수수였다. 당시 공장에는 수억 원대의 옥수수 원물을 보관하고 있었다. 보안설비를 하기 전이었기 때문에 직원들이 공장에서 숙직을 할 때였다. 밤에는 직원들끼리 머리를 맞대고 옥수수 삶는 방법을 연구했다. 손대표와 초대사장인 김철원 감사, 이재진 총무가 주축이 되었다.

고품질 옥수수를 생각하면서 한약재를 다린 물로 삶아보자는 아이디어가 나왔다. 중국산은 아무래도 저가의 이미지가 있기 때문에 고급제품으로 차별화하는 것이 경쟁력이 있겠다고 판단한 것이다. 그는 감초, 구기자, 산약, 백출을 다린 물로 옥수수를 삶으면 맛과 향이 독특해질 것이라고 생각했다. 어느 정도 방향을 잘 잡았다는 판단이 나오자, 그때부터 일 년 동안 옥수수를 끌어안고 씨름을 시작했다. 가공 옥수수는 껍질을 벗기고 데쳐서 급속냉동을 시킨 다음, 일반냉동을 한다. 그리고 주문량만큼 꺼내서 진공포장을 하게 된다. 진공포장을 할 때 한약액을 첨가해서 삶는다. 삶아내고 진공포장하는 과정은 군위 찰옥수수 가공의 생명과도 같다.

옥수수를 삶을 때는 살균기를 사용한다. 고압으로 삶아내기 때문에 자연스럽게 살균도 이뤄진다. 살균기가 고가의 장비이기 때문에 살균기를 들여오기 전에는 압력솥에 옥수수를 쪄냈다. 살균기는 100도에서 25분, 121도에서 30분을 찐다. 121도 이상 되면 옥수수가 멸균되면서 내부가 팽창하게 된다. 이 때문에 10분 동안 냉각수를 뿌려서 식혀주는 과정이 필요하다.

살균기를 들여오기 전까지는 이런 점을 몰랐다. 다양한 시행착오를 겪으며 몸소 깨우친 사실들이다. 한번은 밸브를 잠가 놓고 압력솥에 옥수수를 찔 때의 일이다. 그는 한 시간 가까이 옥수수를 찐 다음, 밸브를 열었다. 안에서 팽창해있던 압력이 밸브를 열자마자, 튕겨

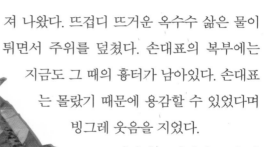
군위 찰옥수수 상품.

져 나왔다. 뜨겁디 뜨거운 옥수수 삶은 물이 튀면서 주위를 덮쳤다. 손대표의 복부에는 지금도 그 때의 흉터가 남아있다. 손대표는 몰랐기 때문에 용감할 수 있었다며 빙그레 웃음을 지었다.

그러면서도 한약재 물에 삶아 진공 포장하는 과정은 영업 비밀에 해당되기 때문에 절대 촬영할 수 없다고 했다. 자세한 설명도 꺼려했고 보여만 달라고 했지만 역시 안된다고 했다. 군위 찰옥수수가 알려지면서 벤치마킹하겠다고 찾아오는 데가 많아서 이렇게 가다가는 안되겠다고 판단했다는 것이다.

"처음 제품이 출시됐을 때 옥수수가 다이어트 식품으로 붐이 일었죠. 옥수수는 포만감은 느끼지만 살이 찌지 않는다고 알려지면서 큰 효과를 봤습니다. 강원도나 다른 지역의 옥수수는 흰색품종: 미백, 대학찰이지만 군위 찰옥수수는 알록달록합니다. 그래서 브랜드도 '알록이 찰옥수수'로 상표등록을 했습니다."

손대표가 상기된 얼굴로 말했다. 이것은 검은깨, 검은콩에 많이 들어있는 안토시안 성분이 함유되어 있다는 점을 부각시키는 설명이다.

약이 된 사업실패 경험

군위 찰옥수수가 사업체로서 기반을 갖추게 된 것은 2007년부터다. 군위 찰옥수수는 경상북도의 부자 만들기 사업에 선정되면서 사업비를 지원받아 옥수수 가공시설을 건립할 수 있었다. 공장부지는 조합원들의 힘으로 마련했다. 옥수수 가공기술 특허도 받았다. 2009년에는 40농가가 힘을 합쳐 영농조합법인을 결성했다.

여기까지는 비교적 순조로웠다. 하지만 판로를 뚫는 과제가 남아있었다. 손태원 대표는 농협 군위군 지부장을 통해서 처음으로 대형마트인 롯데마트에 찰옥수수를 납품하게 됐다. 하지만 결과는 신통치 않았다. 진열대 한쪽에서 낮잠만 자곤 했다. 판매가 늘지 않아서 거래가 중단됐다. 이번에는 수도권의 하나로마트를 공략했다. 성남, 양재 등 다섯 군데로 찰옥수수가 진출했다. 그랬더니 거짓말처럼 홈플러스에서도 물건을 보내달라는 요청이 들어왔다. 롯데마트에서도 다시 제안이 왔다.

2008년에는 옥수수가 대풍년이었다. 찰옥수수는 넘쳐났지만, 사업초반이라서 매출은 생각만큼 늘지 않았다. 그러다 미국 수출을 생각하게 되었다. 하지만 광활한 토지에서 엄청난 양의 옥수수를 생산하는 미국에서 과연 한국의 옥수수가 설 자리가 있을 것인가, 감히 기대를 걸 수는 없었다. 그러나 그는 경상북도에서 투자한 경북통상을 통해 수출했다. 결과는 뜻밖이었다. 미국 뉴저지의 28개 매장에 진열되고 물량이 부족해 팔지 못할 상황이 된 것이다.

그러자 유통업체측에서는 중국산 제품을 들여와 팔기 시작했다. 중국산과는 일단 가격에서 경쟁이 되지 않았다. 중국산에 밀려 고전을 하고 있고 현재는 한 달에 3백만 원 정도를 수출하는 수준으로 축소되었지만, 처음 미국시장을 뚫을 때는 창고에 쌓여있던 옥수수 재고를 소화하는데 큰 도움이 됐다.

2011년부터 매출액이 7억 원을 기록하며 사업이 흑자로 돌아섰다. 군위 찰옥수수는 대기업을 상대할 때도 나름대로 확고한 원칙을

영농조합법인 군위 찰옥수수 공장 전경.

지킨다. 가격이 맞지 않으면 납품계약을 하지 않는다. 할인행사도 하지 않는다. 그만큼 제품에 자신이 있다는 것이다. 손태원씨가 대표를 맡은 지 올해로 5년째다. 자신을 벼랑 끝으로 몰아넣은 사업이었지만, 거기서 얻은 경험은 찰옥수수 사업을 하는데 큰 밑천이 됐다.

"농민들이 농작물을 재배해서 가공, 판매까지 한다는 것은 엄청나게 어려운 일입니다. 제가 망해보니까 상대방의 마음을 헤아릴 줄 알게 됐어요. 저는 판매, 유통경험이 있기 때문에 찰옥수수 파는 것은 크게 겁이 나지 않았죠."

그래서 그런지, 손대표는 판로를 뚫는데 큰 어려움이 없었다고 말한다. 마을기업을 만들어서 운영한다는 것은 다른 사람의 도움 없이 될 수 있는 일이 아니다. 손대표는 식품위생관련 허가를 받을 때 군청의 담당 여직원이 친절하게 해줬던 게 너무 고마웠다. 대형마트에 납품할 때는 농협 지부장의 도움이 컸다. 그래서 군수와 농협중앙회에 '여러분이 도와주셔서 정말 감사했습니다.'라고 감사의 편지를 적어 보냈다. 그랬더니 그 다음부터는 도움을 요청할 때 더 친절하게 도와주더라는 경험담을 털어놓았다.

지역과 함께한 '군위 찰옥수수'

영농조합법인 군위 찰옥수수는 농민들에게 400원을 주고 옥수수 한 개를 구입해 가공을 거쳐 1,150원에 판매한다. 750원의 부가가치를 창출하기 때문에 농민들에게 시가보다 조금이라도 더 높은 가격으로 사들일 수 있다.

사업을 시작할 때, 농민들에게 수매했던 옥수수 단가는 한 개 당 350원이었다. 그러다가 적자가 나자, 300원으로 가격을 낮췄다가 2013년에는 다시 400원으로 올렸다. 현재 100여명의 옥수수 재배농가들은 시가보다 1.5배에서 2배의 높은 가격을 받고 옥수수를 출하하고 있다.

옥수수 껍질을 벗기려면 7월부터 9월까지 3개월 동안 하루에 30여명의 주민들이 투입된다. 2천 명 정도의 일자리가 만들어지는 것이다. 가공실에 다섯 명을 상시고용하고 여직원 한 명과 총무 한 명이 근무한다. 가동률은 60퍼센트이며, 전체 매출의 20퍼센트는 온라인 판매에서 나오고 있다.

올해는 10억 원 매출을 목표로 하고 있다. 옥수수 재배면적은 현재 70헥타르에서 100헥타르로 늘릴 계획이다. 창고가 부족하기 때문에 증축할 계획으로 이미 부지구입을 마쳤다. 작년에는 가공 시설

수확한 옥수수를 데치기 전에 껍질을 벗기고 있다. 옥수수를 수확하는 석 달 동안 얼추 2천여 개의 일자리가 만들어진다.

의 위해요소 중점관리기준HACCP 인증도 받았다. 한 걸음 한 걸음 앞으로 나아가는 영농조합법인 군위 찰옥수수에게 지역주민들은 신뢰를 보내고 있다.

현재, 군위 찰옥수수의 조합원은 40명이다. 사업 초창기에 6명이 조합을 떠났지만, 지금은 그들이 떠난 것을 후회한다고 전해왔다. 손대표는 이처럼 군위 찰옥수수는 농민들의 땀으로 이뤄낸 결정체라고 말한다. 하지만 손대표를 가장 힘들게 했던 것은 제품개발이나 판로개척이 아니라 구성원들의 불신이었다.

"이렇게까지 어려울 줄 알았다면 아마 시작도 안했을 겁니다. 지금이야 이렇지만 사업이 잘 안될 때는 술에 취해서 찾아온 일부 조합원들이 집어치우라고 소리 지르기도 해서 마음이 상한 적도 많았습니다."

비교적 큰 어려움 없이 사업이 잘 풀린 것이 아니냐는 질문에 손대표는 손사래를 쳤다. 무엇보다 칭찬에 인색하고 자꾸 의심하고 깎아내리려는 풍토가 마음을 무겁게 짓눌렀다고 했다. 하지만 그럴 때마다 '여기까지 왔는데 끝까지 해보자'라며 격려해주는 조합원들이 있었기 때문에 많은 난관과 어려움을 극복할 수 있었다고 한다.

손대표의 말대로 군위 찰옥수수를 따라오는 유사 업체들이 조만간 시장에 뛰어들 것이다. 본격적인 경쟁은 그때부터다. 호평을 받던 미국시장에서 가격 때문에 중국산에 밀렸던 것을 떠올리면 지금부터 준비해야 된다. '옥수수의 대변신'으로 화려하게 등장한 영농조합법인 군위 찰옥수수가 시장에서 지금의 위치를 어떻게 지켜갈 것인가? 기회는 '위기'라는 이름으로 다가온다는 것을 마을기업 구성원들은 잘 알고 있을 것이다.

1. 옥수수 진공 포장이라는 특허를 개발해서 차별화된 경쟁력을 갖췄다. 옥수수로 이름난 지역도 아니었기 때문에 옥수수라는 1차 생산물을 가지고 시장을 파고드는 데는 한계가 있었다. 그 한계를 극복하기 위한 경쟁력을 확보하는데 역점을 둔 것이 결국 시장에서 인정을 받게 됐다.

2. 중소기업 사장 출신인 마을기업 대표의 전문성이 마을기업 운영에 그대로 녹아들었다. 20년 동안 기업을 운영했던 경험을 바탕으로 마을기업의 취약점인 판매와 유통 분야에서 성과를 낼 수 있었다. 다양한 분야에서 경험을 쌓은 인력이 마을기업으로 들어올 때 마을기업은 안정적인 발판을 갖추게 된다.

3. 마을기업의 활동이 지역 공동체와 밀접하게 맞물려 있다. 마을의 옥수수 재배농가에서 시가의 1.5배에서 2배의 가격에 옥수수를 구입함으로써 지역민들의 자발적인 참여를 끌어내고 안정적으로 원료를 조달할 수 있는 시스템을 갖추게 됐다.

마을기업
더 보기

영농조합법인 군위 찰옥수수

주소 경북 군위군 소보면 신계리 129-1번지
설립 2009년
원천소재 옥수수
경쟁력 옥수수 가공 특허기술
연락처 (054)383-7770
홈페이지 www.alroce.co.kr

부녀회,
매실한과로 일을 내다?!

백석올미영농조합법인 | 충남 당진시 순성면

어느 농촌마을에나 부녀회가 있다. 그들은 마을의 대소사가 있으면 궂은일을 도맡아한다. 그런데 이 부녀회는 통 크게 마을기업을 만들었다. 마을 어귀에 심어진 매화나무가 돈이 될 것 같았다. 그러나 부녀회가 마을기업을 만들면서 마을이 둘로 쪼개질 뻔도 했다. 그럴 때마다 우직하게 걸어왔다. 이제 막 첫 발을 뗀 마을기업이 우보천리牛步千里를 가고 있다.

충남 당진시 순성면의 올미마을. 100여 가구가 모여 사는 평범한 농촌마을이다. 마을 이름인 '올미'는 우뚝할 '올'兀 자와 맛 '미'味 자를 쓴다. 한마디로 '맛이라면 으뜸가는 마을'이라는 뜻이다. 그래서 마을기업의 영문 상호는 'all me'라고 지었다. '모든 것이 나에게 온다'는 뜻이기도 하다. 대단한 자부심이 느껴지는 이름이다.

올미영농조합의 공장과 사무실은 도로변에 있었다. 도로를 지나며 볼 수 있도록 공장 옆면에는 '행정안전부의 2012년 우수마을기업'이라는 현수막이 걸려 있었다. 이 마을기업의 출발을 알기 위해서는 우선 마을 어귀에 심어진 매실나무의 근원부터 살펴봐야 했다.

2003년, 당시 순성면에서는 고향을 떠난 출향민들을 대상으로 고향 나무심기 운동을 추진했다. 객지로 나갔지만 고향을 잊지 않았던 출향인사들이 매실나무를 심었고 순성면 주민들도 참여하면서 어느덧 10만 그루에 육박하게 됐다. 당진천변 왕복 20킬로미터를 따라 매화는 해마다 꽃망울을 터뜨리며 4월이면 무르익은 봄을 화려하게 수놓았다.

순성면의 마을들은 구간을 정해서 매실나무를 관리했다. 백석리에서도 3만 그루를 맡게 되었다. 지구온난화로 농작물의 재배지가 북상하면서 전에는 전남 광양처럼 남쪽이 주산지였지만, 이제는 당진지역의 기후가 알맞다고 주민들은 말한다. 매실이 익으면 따다가 장아찌도 담아 먹고 매실이나 매실즙을 내서 팔기도 했다. 하지만 그때까지만 해도 이 매실로 마을 사업을 해봐야겠다는 생각은 누구도 하지 못했다.

집에서 만든 매실 한과, "할거면 제대로 해봅시다!"

올미마을기업을 방문한 필자를 환한 미소로 반겨준 사람은 대표를 맡고 있는 김금순씨였다. 이 마을의 부녀회장이기도 한 김금순씨는 서울에서 살다가 남편의 고향인 당진으로 2008년에 귀농했다. 처음에 마을 사람들도 사귀고 농촌생활에도 적응할 겸 부녀회에 가입했더니 덜컥 부녀회장을 맡으라는 제안이 들어왔다. 김금순 대표는 올해 63세가 되었지만, 부녀회에서는 젊은 축에 속했다. 조합원 38명 가운데 60세 이상이 28명이다. 떠밀리다시피 부녀회장을 맡자, 생각지도 않았

마을기업이 설립되기 전에는 가정에서 재래식 방법으로 한과를 만들어 팔았다.

던 일이 벌어졌다.

원래 전통한과는 조청을 발라서 그 위에 튀밥가루를 묻혀내서 만든다. 근래 들어서는 조청대신 시럽이나 엿기름을 사용하기도 한다. 부녀회원들은 엿기름 대신 달짝지근한 매실액을 발라 한과를 만들 수 있다고 생각한 것이다. 안될 것은 없었다. 가정마다 매실을 따서 매실액을 만들어놓고 소화제 대용으로 마시기는 했지만, 그때까지 이 매실액을 한과에 이용할 생각은 하지 못했다.

그렇게 해서 처음에는 부녀회원의 집에서 매실한과를 만들었다. 부녀회원들과 함께 매실축제, 당진 기지축제 등 당진에서 열리는 축제를 찾아가서 매실 한과를 팔았다. 반응은 괜찮았다. 매실로 만들었기 때문에 소화도 잘 되고 또한 매실향이 기름 냄새를 잡아줬다. 이같은 경험은 부녀회원들에게 자신감을 붙게 했다.

사실 한과는 전국 어디를 가도 흔히 볼 수 있는 전통식품이다.

당진이라고 해서 특별하게 한과의 전통이 있는 것도 아니었다. 하지만 매실을 넣으면 차별화시킬 수 있겠다는 판단이 섰다. 그렇다면 이왕에 하는 것 제대로 한 번 해보자는 목소리가 나왔다.

부녀회에서는 내친 김에 사업성도 따져볼 겸 전국의 한과 생산 공장을 둘러보았다. 의외로 가정에서 수작업으로 하는 곳이 적지 않았다. 방문하는 곳마다 수작업으로는 너무 힘들다며 뜯어말렸다. 일 년에 서너 차례 내다 팔 때는 마을회관에서 만들어도 되지만 대량생산을 하려면 아무래도 공장이 필요했다.

"충청도 분들이 속내를 잘 드러내지 않잖아요. 마을기업을 하겠냐고 물어봐도 주민들이 속 시원하게 말을 하지 않더라고요. 처음에는 그게 참 힘들었습니다."

할 수 없이 마을기업에 찬성하는 사람은 서명을 하라고 했더니 38명이 서명을 했더랬다. 초창기의 분위기를 김금순 대표는 이렇게 설명했다. 마침내 2010년, 올미마을 부녀회는 매실 한과로 마을 사업을 하기로 결정했다. 결정이 나오기까지 다섯 번의 회의가 필요했다. 서명을 한 38명이 2백만 원씩을 내서 7천6백만 원의 종잣돈을 만들었다.

7천6백만 원을 마련해서 마을사업을 준비한 데는 그만한 배경이 있었다. 당시 농림부의 농어촌종합개발사업이 당진시에서 추진되고 있었다. 올미마을을 포함한 마을 네 곳이 사업대상 지역이었다. 마침 농림부는 올미마을에서 부녀회가 자발적으로 매실한과사업을 한다는 소식을 듣고 이 사업을 농어촌종합개발사업에 포함시켰다.

한과사업에는 공장건립비, 저온저장고와 기계구입비 등의 명목에 3억 2천만 원이 지원됐다. 마을 주민들이 자부담으로 8천만 원을 내는 조건이었다. 이에 주민들은 7천6백만 원과 마을기업의 이사들이 무임금으로 일해서 한과를 판매한 돈으로 4백만 원을 보태어 8천만 원을 마련했다.

백석올미영농조합 김금순 대표.
두둑한 배짱과 추진력으로
마을기업 설립 당시의 어려움을
극복해냈다.

공장부지는 마을 소유의 땅을 쓰면 되니 별 문제가 없었다. 공장을 짓고 기계만 구입하면 되는 줄 알았다. 하지만 그게 전부가 아니었다. 사무실에는 책상 하나, 컴퓨터 한 대가 없었고 위생복이며 냉난방기도 없었다. 운영자금이 한 푼도 없었던 것이다. 궁리 끝에 당진시청에 문의했더니 마을기업으로 지정을 받으면 지원을 받을 수 있다는 정보를 얻게 됐다.

어려운 경쟁 끝에 2012년 2월, 마침내 올미마을은 마을기업으로 지정받게 되었다. 여기서 정부지원금 4천만 원을 받았다. 이 돈으로 위생복, 마을기업 홍보 리플릿, 냉난방기, 방충망 등을 구입했다. 그야말로 알토란같은 돈이었다.

전통발효 승부수, 6개월 전문인 양성과정

이미 매실축제 때 괜찮은 반응을 얻었기 때문에 매실한과 생산에는 큰 문제가 없을 것이라고 생각했다. 하지만 그것은 크나큰 착각이었

마을기업에 선정되어 공장의 한과 생산은 현대식으로 바뀌게 됐다.

다. 맛에는 자신이 있었지만, 상품성에 문제가 있었다. 맛이 전부가
아니었다. 우선 한과의 모양이 일정하지 않았던 것이다.

　만들 때도 너무 말리면 부서지고 덜 말리면 튀겨지지 않았다. 가
정에서 먹거나 전통축제에서 내다 팔 때는 좀 찌그러져도 괜찮고 덜
튀겨져도 문제가 없었다. 시골 부녀회에서 만들었다고 하면 더 순수
하게 봐줬다. 하지만 기업의 이름을 걸고 대량생산을 할 때는 상품으
로 인정받기 어려웠다. 옛날 어른들 하는 방식을 따라했기 때문에 계
량화나 표준화도 서툴렀다. 매실의 농도를 맞추는 데도 시행착오가
거듭됐다. 의외로 숙련된 기술이 필요하다는 것을 절감하게 됐다.

　고민 끝에 김대표와 유희숙 총무, 이윤덕 공장장은 경기도 포천
에 있는 한과문화박물관인 '한과원'에 가서 한과 만드는 법을 배우기
로 했다. 당진농업기술센터의 가공대학에서 한과 제조법을 배우기는

했지만 이것만으로는 성에 차지 않았다. 적어도 공장을 짓기 전에는 한과 제조법을 통달해야 한다고 생각했다.

포천의 한과원에서는 국가지정 26호 김규흔 명인이 농림부의 지원을 받아서 한과교육을 실시하고 있었다. 아침 6시에 집에서 나와 오전 9시부터 오후 6시까지 교육을 받았다. 집에 돌아오면 밤 10시. 젊은 학생들도 아니고 육체적으로 고된 시간이었다. 2011년 5월부터 11월까지 6개월 동안 전문인 양성과정을 다녔다. 힘들었지만 땀은 헛되지 않았다. 이곳에서 한과의 이론, 생산의 기본, 제조과정의 문제점을 다 배울 수 있었다.

한과원에서 교육을 받아보니 지역마다 한과의 맛과 제조법에 차이가 있다는 것을 알게 되었다. 보통은 찹쌀을 사나흘 정도 발효시키지만, 전통한과는 발효에만 보름이 걸린다. 여기에 매실의 기능성을 첨가한 것이다. 찹쌀을 발효해서 떡을 만들고 쌀로 조청을 만들어 엿을 만들고 여기에 발효된 매실을 가미했다. 이렇게 해서 만든 한과는 과즐한과를 뜻하는 우리말이라는 이름으로 팔려나간다. 여기에는 전통방식대로 만들었다는 것을 알리려는 뜻이 담겨 있다.

올미마을기업에서는 조합원들이 직접 농사지은 쌀, 매실, 찹쌀, 참깨, 검은깨 등의 곡물 외에는 아무것도 한과에 집어넣지 않는다. 곡식의 원색 그대로 만들기 때문에 색소도 필요 없다. 한 마디로 무첨가 식품이다. 주민들이 재배한 것을 쓰기 때문에 원재료 확보에는 아무 문제가 없다. 검은깨와 참깨는 마을기업에서 전량 수매하고 있다.

김대표는 전업주부였고 다른 부녀회원들도 농사 외에는 수익사업을 해본 경험이 없었다. 때문에 한과를 만드는 법 말고도 마을기업을 운영하려면 배워야 할 게 더 있었다. 법인 만드는 법, 농산물 가공,

백석올미영농조합에서 생산한 한과제품.

판매, 위생 시설의 설치, 운영에 관련된 규정도 농업기술센터에서 배웠다. 또한 온라인 판매를 위해 충남농업기술원에서 포토샵을 다루는 법도 배웠다.

공장명의 놓고 마을 둘로 쪼개져

한과 만들기에 어느 정도 자신이 붙어서 마을기업 준비가 순조롭게 돌아가는 듯했다. 하지만 문제는 전혀 생각지도 않았던 곳에서 터져 나왔다. 사단이 빚어진 곳은 바로 공장이었다. 원래 공장부지는 마을 소유의 땅이었다. 마을이장과 노인회장이 그 곳에 공장을 지으라고 양해를 해줘서 공장 터파기 공사가 시작됐다.

그러자 민원이 제기된 것이다. 영농조합에 가입하지 않은 일부 마을 주민들이 당진시청에 민원을 낸 것이다. 마을의 공동재산을 일부 주민들이 사용하는 것은 문제가 있다는 주장이었다. 마을기업에서는 월세를 내고 땅을 사용하겠다는 대책을 내놓았다. 그러자 마을 주민들은 10년 후에는 공장의 명의를 마을로 넘길 것을 요구했다. 국가보조금이 지원됐기 때문에 10년 동안 한과공장은 당진시의 명의로 되어 있는 상황이다.

마을기업에서는 이곳에 안 지으면 안 지었지 그렇게는 못한다며 맞섰다. 의외로 분위기는 심각했다. 진통 끝에 임대료는 내지 않고 10년 후에 명의를 넘기기로 합의하고 공증까지 해서 분쟁은 일단락됐다. 그동안 시골에서 무슨 마을기업을 하냐며 곱지 않게 바라보는 시선도 있었다. 물밑에 있던 갈등이 공장건립을 계기로 불거져 나온 것이다. 하지만 이런 우여곡절을 딛고 2012년 8월에 공장이 준공되어 본격적인 영업에 들어갔다.

부녀회에서는 마을기업 때문에 갈라서게 된 마을 주민들을 다시 하나가 되도록 하는데 힘을 쓰고 있다. 마을 주민들의 협조와 자발성이 없는 마을기업은 의미도 없고 존립할 수 없다고 판단했기 때문이다. 보건소에서 운영하는 장수건강마을이라는 프로그램을 도입했다. 일주일에 두 번은 기공체조, 한번은 한방진료를 했다. 일 년간 진행된 장수 건강마을 프로그램이 시작되는 날과 끝나는 날에는 마을회관에서 마을 잔치를 열었다. 마음속에 응어리를 풀어내고 정겨웠던 마을 공동체로 돌아가자며 먼저 손을 내밀었다.

명절상품의 한계, '할머니 명함'

올미마을기업에서는 종류별 가격 2만 원, 3만 원, 4만 원, 5만 원대로 한과를 판매하고 있다. 설립 첫 해인 2012년에는 1억 원의 매출을 올렸

백석올미영농조합에서는 마케팅 전략의 하나로 대부분이 60세 이상인 근로자들에게 명함을 나눠주며 판매 인센티브를 도입했다.

다. 특히 추석 때는 7천만 원, 설이 낀 2013년 1월과 2월에는 1억 원의 매출을 올렸다. 믿을만한 마을기업이라는 소문이 나면서 당진시나 공공기관에서도 주문이 들어왔다.

하지만 3월에는 매출이 1천만 원으로 뚝 떨어졌다. 비수기인 4월부터 여름철을 어떻게 극복하느냐가 관건이었다. 이 문제의 핵심은 한과가 명절 상품이라는 고정관념에서 왔다. 판로를 더 확보해야 기업을 유지할 수 있다는 것은 분명했다.

먼저 행담도의 파머스마켓에 진출했고 충청남도와 당진시에서 운영하는 쇼핑몰에도 올라갔다. 장기적으로는 쇼핑몰을 더 늘려나간다는 목표를 세워놓고 있다. 또한 비수기인 여름철을 겨냥해서 가래

떡, 매실액, 장아찌, 고추장 등으로 상품을 다양화할 계획이다.

올미마을기업에서는 독특한 판매 전략을 도입하고 있다. 38명의 근로자 전원에게 명함을 만들어줬다. 명함이 뭔지도 모르는 시골 할머니에게도 명함을 나눠줬다. 서울에서 내려온 자식이나 친척들에게 명함을 주며 한과제품을 홍보하라는 것이었다. 그렇게 해서 판매금의 10퍼센트를 할머니들에게 인센티브로 주고 있다. 2013년 1월에는 인센티브로만 160만 원을 받아간 할머니도 있을 정도이다. 대표 혼자서 뛰는 데는 한계가 있기 때문에 근로자 전체가 '내가 사장이다'는 생각을 갖게 하기 위해서 이런 방식의 인센티브를 도입했다.

축제현장을 쫓아다니며 한과홍보에도 힘을 쏟고 있다. 축제 방문객들에게 무료시식행사를 하면 당장은 적자지만, 앞을 내다보는 측면에서 판촉행사를 진행하고 있다. 올미마을기업에서는 양과자에 밀리고 있는 우리 한과의 참맛을 손주들에게 느끼게 해주고 싶다는 목표를 갖고 있다. 그래서 유치원 아이들을 대상으로 한과 만들기 체험도 하고 있다.

필자가 김금순 대표와 이야기를 나누고 있을 때, 전남 나주시에서 견학을 오고 싶다는 전화가 걸려왔다. 그는 우수마을기업으로 선정되면서 안팎의 주목을 한 몸에 받고 있다는 것을 실감하고 있다. 하지만 우수마을기업도 매일이 순탄한 것은 아니었다. 2013년 2월에는 기름이 너무 많이 들어가서 한과를 잘못 튀긴 적이 있었다. 결국 한 트럭 정도의 분량을 폐기처분했다고 한다. 잘하는 조합원에게만 맡겨놓으면 이런 일이 없겠지만 전체 구성원들이 업무를 파악할 수 있도록 돌아가며 일을 하다 보니 이런 일이 생겼다는 설명이다. '당장은 힘들어도 한걸음씩 꼭꼭 다져가며 앞으로 나아가겠다'는 것이 올미마

을기업 사람들의 생각이다. 반듯하고 착실하게 기본을 다져가는 구성
원들의 마음가짐에서 건강한 마을기업의 내일을 기약해본다.

우리 마을 포인트

1. 마을의 향토자원인 매실에 전통한과의 제조법을 결합시켜 새로
운 부가가치를 개발했다. 한과는 전국 어느 지역에서나 생산되기에
소화 잘되는 매실과 전통한과 제조법으로 제품 차별화를 이뤘다. 원재료를 자체
조달할 수 있는 소재를 선택함으로써 생산의 안정성도 확보했다.

2. 판매와 유통은 대부분의 마을기업들이 풀어야할 과제다. 본인들만의 독자적
인 유통채널, 또는 판매 마케팅이 없으면 고전을 할 수 밖에 없다. 이 마을기업에
서는 전 구성원들에게 판매 인센티브를 지급해서 애사심을 북돋우고, 매출 증대
를 위해 노력하고 있다. 또한 축제현장에서 무료 시식회를 열며 지속적으로 판로
개척을 위해 애쓰고 있다.

3. 부녀회에서 마을 사업으로 매실한과를 만들어 팔았고 그 성과를 바탕으로 본
격적인 마을기업으로 발전했다. 아무 경험도 없이 의욕만 가지고 마을기업을 만
든 것이 아니라 부녀회 단위의 경영체를 운영해서 구성원들의 능력과 의지, 생산
과 판매활동의 가능성을 검증했다.

4. 공동체의 위기를 극복해서 더 탄탄한 팀워크를 갖추게 됐다. 마을기업은 탄탄
한 '공동체' 없이는 불가능하다. 마을이 '물'이라면 기업은 '물고기'이기 때문이
다. 공장설립을 놓고 마을이 둘로 갈라지는 위기를 맞았지만, 어려움을 슬기롭게
극복하고 흐트러진 민심을 봉합하기 위해 노력했다.

마을기업 더 보기

백석올미영농조합법인
주소   충남 당진시 순성면 백석리 754-1번지
설립   2012년
원천소재   매실, 농산물
경쟁력   전통 기능성 한과제조법
연락처   (041)353-7541
홈페이지   http://allme.cnfarm.co.kr

도시락 준비 장면. 나눔푸드는 공공급식에서 쌓은 경험을 토대로 시장을 확장해나가며 인구 2만 명이라는
시장의 한계를 극복해오고 있다.

산골에도 틈새시장이
있더라!

(유)나눔푸드 | 전북 진안군 진안읍

많은 마을기업은 지역에서 생산한 부가가치를 외부에 판매해서 수익을 낸다. 왜냐하면 농촌에는 주민들이 생산한 상품을 소비해줄 시장이 형성되어있지 않기 때문이다. 이는 마을기업이 판매에 있어서만큼은 외부 의존형이 될 수밖에 없는 이유다. 하지만 그 지역민에게 필요한 재화와 용역을 공급해서 성장하는 마을기업이 있다. 이들은 좁은 시장을 탓하지 않고 다양한 포트폴리오를 만들어 새로운 시장을 창출했다. 이들은 우리 마을기업 역사에서 보석처럼 빛나는 존재이다.

전북의 동부권에 있는 진안은 해발 400미터의 고원지대다. 인근의 무주, 장수와 함께 대표적인 과소지역이다. 1970년대 9만 명이 넘었던 진안군의 인구는 2만4천명까지 감소했다. 지역의 독자적인 시장 기능이 대단히 취약한 곳이다.

전주에서 소태정 고개를 넘어 진안 읍내로 들어가기 전에 오른쪽에 진안농공단지가 있다. 이곳에 있는 '(유)나눔푸드'이하 '나눔푸드'로

표기는 2005년 진안군의 공공급식을 위탁받아서 문을 연 사회적 기업이다. 처음에는 네 명의 지역주민이 참여해, 연매출 6천만 원을 기록했다. 그 후 사업이 확장되어 직원이 늘었다. 출장뷔페와 한과 생산에도 뛰어들었고 지금은 홍삼 가공식품을 생산하고 있다.

인구 2만 명 시장, 신산의 세월

필자가 나눔푸드를 방문하기 전날인 6월 14일, 진안군 진안읍에서는 경로잔치가 열렸다. 진안농공단지의 입주업체들이 마련한 자리였다. 나눔푸드는 행사장에 1천명 분의 식사를 공급했다. 처음에 출장뷔페를 시작할 때는 200인분을 준비하는 것도 버거웠다. 하지만 지금은 2천명 분도 너끈히 소화할 만큼 발전했다.

'인구가 3만 명도 되지 않는 시골에서 어떻게 출장 뷔페 사업을 시작할 생각을 했을까?', '농산물 가공이나 농촌체험을 하지 않는 마을기업이 과연 살아남을 수 있을까?' 나눔푸드 대표를 만나러 가는 길에 머릿속에서 떠나지 않았던 궁금증이었다. 최우영 대표는 노동부 수기공모에서 나눔푸드를 가리켜 '지난 5년을 기업이 살아남기 위해 거쳐 온 신산辛酸의 세월'이라고 표현하기도 했다.

"2만 명 규모의 배후시장 규모로는 적자가 발생할 수밖에 없는 구조입니다. 기존 시장의 진입 장벽을 깨고 하루하루 시장을 개척해 왔습니다."

최우영 대표가 말했다. 나눔푸드의 모태는 본래 2003년 2월 진안지역자활센터가 시작한 자활근로사업단이다. 기초생활보장수급자, 차상위 계층의 주민들이 참여해서 국가보조사업으로 도시락 배

나눔푸드에서 만든 뷔페 음식.

달사업을 했다. 정부 보조금으로 상가건물을 임대해서 하루에 50식의 도시락을 만들어 직접 취약계층에게 배달하는 일이었다.

당시는 자활근로사업단이 도시락 배달사업 외에도 진안 읍내에서 식당을 운영하며 먹거리 사업도 추진했다. 하루는 행사장에 50명분의 식사를 공급해줄 수 있냐는 문의가 들어왔다. 지금은 나눔푸드가 있지만 당시에는 전북의 동부권 세 곳진안, 무주, 장수에는 따로 출장뷔페 업체가 없었다. 큰 행사가 있어서 단체급식을 할 일이 생기면 전주에 있는 업체를 부르는 게 당연시되어왔다.

막상 그런 주문이 계속 들어오자, 어차피 식당을 하고 있는 마당에 우리가 한번 해보자는 의견이 나오게 되었더란다. 지역특산품 판매나 농산물 가공을 해야 된다고 생각했던 마을기업이 농촌에서 출장 뷔페 사업에 뛰어든 것이다.

출장뷔페 주문은 일 년에 60차례 가까이 들어온다. 70퍼센트가 진안이고 그 다음은 전주, 나머지는 무주, 장수지역의 행사장에서 출장뷔페를 부른다. 시골에서 과연 출장뷔페 사업이 될 수 있을까 걱정도 많이 했던 것이 사실이다. 하지만, 지금 나눔푸드에게는 가장 많은 매출을 안겨주는 효자사업이 됐다. 뷔페가 한 해 매출의 40퍼센트를 차지하기 때문이다.

자활근로사업단은 그 후 자활공동체로 독립하면서 날개를 달게 되는 첫 번째 기회를 맞게 됐다. 2007년 SK행복나눔재단의 '행복을 나누는 도시락센터' 공모에 선정된 것이다. 전북에서는 유일했다. 진안군의 인구는 적었지만 2003년부터 자활근로사업단이 보여준 성실성을 인정했던 것이다.

SK행복나눔재단에서는 1억 5천만 원 정도의 급식 기자재, 냉난방 시설을 지원했다. 당시 행복나눔재단에서는 급식시설이 들어갈 땅과 건물을 확보하고 자립경영을 할 수 있는 능력을 전제조건으로 요구했다. 나눔푸드는 그 때까지 출장뷔페, 한과사업 등을 해서 번 돈 1억 원에 5천만 원을 대출받아 지금의 자리인 진안농공단지에 입주하게 됐다. 또 하나의 지원조건은 저소득층에 대한 도시락 공급 사업을 계속 하는 것이었다.

SK재단의 지원을 통해서 위해요소 중점관리기준에 준하는 설비를 갖춘 도시락센터가 건립됐다. 또한 체계적인 교육훈련 시스템도 도입되어 공공급식사업이 도약할 수 있는 전기를 맞게 됐다. 대기업이 지원해주는 도시락 센터는 여태껏 가내 수공업 수준의 소규모 급식소와는 분명 달랐다. 이를 바탕으로 나눔푸드는 전라북도에서는 유일하게 자치단체인 진안군의 공공급식을 계속 전량 위탁받게 되었다.

급식 통해 안정적 수익구조 갖춰

나눔푸드는 공공급식 사업부와 외식사업부, 농산물생산부, 홍삼사업부 등 네 분야의 사업부를 운영하고 있다. 일 년에 8억 원의 매출가운데 뷔페가 40퍼센트, 단체급식이 30퍼센트, 한과와 홍삼이 18퍼센트를 차지한다. 마을기업으로는 드물게 비교적 안정적인 수익구조를 갖추고 있는 셈이다. 이것을 가능하게 한 것은 자치단체의 공공급식을 바탕으로 한 포트폴리오 덕분이었다.

인구 2만 명의 시장에서는 단일 사업만 가지고는 수익성을 맞추기가 어렵다. 시장이 넓지 않아서 수요에 한계가 있기 때문이다. 지자체의 위탁급식, 출장뷔페, 공공급식, 인삼가공 가운데 하나에만 집중해서는 배송직원 네 명이 포함된 총 22명의 직원을 고용할 수가 없다. 진안군의 급식 위탁사업으로는 일곱 명의 인건비밖에 해결할 수 없는 사정이다. 때문에 기존 인력과 시설을 최대한 활용할 수 있는 수익구조가 필요했다.

우선, 자치단체 위탁급식 사업의 인력과 시설 가동률을 높이기 위해서는 급식사업을 더 확대해야했다. 그래서 눈길을 돌린 것이 단체급식이었다. 여기에는 우여곡절이 많았다. 진안군에는 산림조합중앙회에서 운영하는 임업훈련원이 있다. 2012년 나눔푸드에서 이곳의 급식을 맡겠다고 하자, 산림조합 측에서는 미덥지 못하다는 반응을 나타냈다.

보통 2년 단위로 계약을 하지만 일 년만 계약을 했다. '사회적 기업이라는 뜻은 공감하지만 일 년에 200일 가까이 식사를 공급하는 일이 쉽지 않을 텐데 과연 잘 할 수 있겠냐'며 담당 부서 직원은 불안

한 눈으로 쳐다봤다. 하지만 식사를 한 교육생들이 너도 나도 맛있다며 좋은 반응을 나타내자, 산림조합 측에서 먼저 전화를 해서 2년 계약을 요청했다고 한다.

위탁급식, 단체급식에 유료 도시락 판매까지 하면서 식재료를 대량으로 구입하는데 따른 비용을 절감할 수 있었다. 위탁급식을 통해 근로자들의 숙련도와 생산성도 높아졌다. 두 명의 영양사를 채용해 균형 잡힌 식단을 제공하면서 시장의 신뢰도 얻어 갔다. 그리고 진안에서 자치단체의 위탁급식을 계속 따내면서 최소한의 기본 물량을 확보하게 됐다.

대기업이나 인근 전주의 업체가 운영하게 되면 수탁단가가 더 올라갈 수밖에 없기 때문에 지역업체가 맡아주면 공공기관 입장에서는 예산을 절감할 수 있다. 또한 지역주민들에게는 일자리가 만들어지고 마을기업으로서는 이런 사업을 몇 개 묶어서 수익성을 맞추는 것이다. 이는 지역 내 유관기관의 네트워크가 일정하게 갖춰진 선순환 효과로 이어졌다고 볼 수 있다.

이러한 예는 또 있다. 2011년 후반기에 육군 35사단에 예비군용 도시락을 납품하던 업체가 재계약을 포기하자, 35사단에서 납품 요청이 들어왔다. 처음에는 부대에서 들어오는 주문량과 당일 아침에 생산하는 공급량의 차이가 커서 어려움을 겪기도 했다. 하지만 올해도 낙찰을 받아서 35사단 예하 다섯 곳의 부대에 도시락을 공급하고 있다. 이런 성과를 인정받아서 나눔푸드는 2009년 우수급식사업소 보건복지부 장관 표창을 받았고, 2010년에는 노동부 주최 사회적 기업 성공사례 대상을 받았다.

나눔푸드는 홍삼 가공 사업에도 뛰어들었다. 진안인삼조합을 통

홍삼제품. 나눔푸드는 사업영역을 급식에서 홍삼가공 쪽으로 확대해서 수익성을 키워가고 있다.

해서 수삼을 구입해서 홍삼으로 가공한 다음, 액체 상태로 공급하는 사업이다. 홍삼은 고부가가치 상품이기 때문에 여기서 버는 돈으로 공공급식의 적자를 해결하고 있다. 2009년은 홍삼 가공 사업을 추진하기 위해 공장을 설립했고, 2011년부터는 서울국제식품산업대전, 전주국제발효식품엑스포, 동경식품박람회 등으로 참석해서 홍삼판로를 개척하고 있다.

그 결과 2012년부터 홍삼매출이 한과 매출을 추월했다. 현재 홍삼제품은 사회적 기업의 제품이 입점할 수 있는 '행복한 세상,' '서로 좋은 가게', '아름다운 가게' 등에 공급되고 있다. 나눔푸드는 현재의 브랜드 파워를 가지고는 내수시장을 확대하는 것은 어렵다고 판단해서 수출판로를 개척하고 있다. 전라북도 경제통상진흥원의 지원을 받아서 베트남 업체의 OEMOriginal Equipment Manufacturing 방식으로 베트남 수출을 추진하고 있다. 한걸음씩 앞으로 나아가며 2008년에는 유한회사로 전환했고, 사회적 기업으로 인증을 받았다. 최우영 대

나눔푸드의 구성원들.

표는 사회적 기업에 대해서 이렇게 말한다.

"노동부의 사회적 일자리 창출이나 정부에서 주는 시설지원금 때문에 사회적 기업 인증을 신청한 것이 아닙니다. 어떻게든 (유)나눔푸드가 하고 있는 공익적 사업을 계속 이어가기 위해서 사회적 기업인증을 신청한 것입니다."

나눔푸드의 구성원들은 공적인 목적대로 기업이 운영되지 않을 때는 운영을 중단하고 자산 전체를 공공성 유지가 가능한 기관, 단체에 기부한다는데 합의를 봤다. 구성원 본인들부터 마을기업을 통해 성장해왔기 때문에 나눔푸드가 마을 공동체를 위한 역할을 계속하기를 기대하고 있다.

나눔푸드는 급식에 들어가는 식자재의 70퍼센트를 진안군에서 생산된 농산물로 사용하고 있다. 나머지 30퍼센트는 해산물, 육류 등 진안에서 구매하기 어려운 품목들이다. 다른 급식업체들은 대부분 대기업이 운영하는 식재료 회사에서 식자재를 납품받는다. 수익성만을 생각한다면 지역 업체 보다는 대기업을 이용하는 것이 더 도움이 될 수 있다. 하지만 다소 수익성에 어려움이 있더라도 지역민과 함께 한다는 철학을 품고 있다.

네 명으로 시작한 종업원은 현재 22명으로 늘었다. 단일 기업으로는 진안군 농공단지에서 가장 많은 근로자가 다니는 사업장으로 성장했다. 22명 가운데 15명은 저소득층이나 장애인 등이다. 평균 연령은 52세이며, 평균 150만 원 정도의 급여를 받고 있다. 나눔푸드 구성원 가운데 최고참인 68세의 박덕봉씨는 현재 조리분야를 책임지고 있다. 나눔푸드의 주된 사업이 음식조리와 관련되어있기 때문에 박덕봉씨의 역할은 아주 중요하다. 2003년에 기초생활보장 수급자로 자활근로에 참여했던 박덕봉씨는 지금은 더 이상 수급자가 아니다. 나눔푸드와 함께 근로자들도 성장해온 것이다.

나눔푸드는 기업운영 초기부터 지금까지 매주 80가구에 무료로 밑반찬 서비스를 6년째 진행하고 있다. 여기에 추가해서 자체 재원으로 일주일에 100개의 도시락을 제공하고 있다. 공공급식의 사각지대에 있는 이웃들을 지속적으로 돌보는 것은 공적 보호망의 빈틈을 메우는 일이다.

농촌 노인의 쓸쓸한 임종, '마을 공동체 있었다면'!

'나눔푸드'라는 회사명은 최우영 대표가 직접 지었다. 최우영 대표와 전북 진안 사이에는 어떤 지역적인 연고도 없다. 그는 원래 대학을 졸업하고 대안학교인 무주의 푸른꿈 고등학교에서 일본어 과목을 가르쳤을 뿐이다.

당시 무주는 진안 못지않은 오지였다. 자치단체를 제외하면 민

최우영 대표. 대안학교 교사 출신의 최대표는 독거노인들의 삶에서 농촌공동체의 존재 이유를 절감했다고 한다.

간차원의 사회적 안전망은 전무하다시피 했다. 최우영 대표가 고등학교 근처에서 살 때, 인근의 마을 노인 다섯 명이 세상을 떠났다. 가족과 임종을 한 경우는 두 명이고, 나머지 세 명은 운명한 다음에 발견됐다. 그 때, 마을 공동체가 있었다면 독거노인이 이렇게 방치되는 것은 줄일 수 있을 것이라는 생각을 했다고 한다.

때마침 무주군에서 지역자활센터를 설립하는데 대안학교 측에서 맡아보면 어떻겠냐는 제안이 들어왔다. 이것이 계기가 되어 최우영 대표는 학교를 떠나 무주 푸른꿈 지역자활센터 창립에 관여하게 됐다. 그 후 자활협회 전북지부 사무국장을 거쳐 진안에 둥지를 틀게된 것이다.

"자활센터가 취약계층에게 일자리를 주는 역할도 하지만, 근본적으로는 무너진 마을 공동체를 살릴 수 있겠다는 생각을 했습니다. 저는 마을기업이 내발적 발전으로 농촌을 재생하는 역할을 할 수 있다고 봅니다. 그것은 외부의 인적, 물적 자원을 농촌으로 유치할 수도 있습니다."

최우영 대표는 마을 공동체를 살리는 방법으로 마을기업의 역할을 강조했다. 홍삼사업을 제외하고 나머지 사업은 수익성이 거의 임계점에 도달했다고 분석하고 있다. 현재 수준의 고용을 지속할 수는 있지만, 일자리를 계속 늘리기 위해서는 홍삼처럼 부가가치가 높은 사업에 진출해서 시장을 개척해야 된다고 생각하고 있다. 최우영 대표는 올해 안에 홍삼의 수출선을 뚫어 해외로 진출하는 목표를 갖고 있다. 이로써 나눔푸드가 헤쳐 갈 앞날은 우리 마을기업의 외연이 어디까지 넓어질 수 있는지를 보여주는 미래상의 축소판이 될 것이다.

우리 마을 포인트

1. 농촌의 틈새시장을 겨냥해서 수익을 낼 수 있는 포트폴리오를 구성했다. 단일 아이템 하나만으로는 수익성을 유지하기 힘들지만, 관련이 있는 서너 개의 아이템을 하나로 묶으면 비용을 줄일 수 있고 가동률을 높일 수 있기 때문에 수익모델을 만들어낼 수 있다.

2. 사업 아이템의 확장성을 극대화했다. 무료급식사업에서 단계적으로 유관 업종으로 사업을 확대해나갔다. 무료급식에서 뷔페, 단체급식, 홍삼 가공으로 영역을 넓혀갔다. '급식'이라는 아이템에 '음식 가공'이라는 동종분야로의 확장성이 있기 때문에 경험과 전문성을 살려 유관 분야로 무리 없이 뻗어나갈 수 있었던 것이다.

3. 자활 공동체에서 꾸준히 사업을 키워나간 저력과 성실성이 있었다. 근로사업단에서 공동체, 유한회사, 사회적 기업으로 성장해왔다. 그때마다 주요 구성원들이 바뀌지 않고 함께 해오고 있다. 구성원들의 이러한 유대감과 공동체 의식은 나눔푸드의 든든한 토대가 됐다.

(유)나눔푸드
주소 전북 진안군 진안읍 거북바위로 3길 15-22번지
설립 2008년
원천소재 농산물
경쟁력 급식을 중심으로 한, 수익 포트폴리오
연락처 (063)433-7017
홈페이지 www.nanumfood.or.kr

'희망버스', 마을을 달린다

용대향토기업 | 강원도 인제군 북면

농촌주민들이 운영하는 마을버스가 있다. 농촌의 마을버스는 독특한 사업모델로 전국적으로 대단히 드문 경우다. 일반 농산물을 가공하는 것도 아니고 '버스'라는 교통수단을 운영한다는 것은 쉽게 생각하고 덤빌 수 있는 일이 아니다. 이들은 10년이 훨씬 넘는 시간동안, 마을버스에 희망을 실어 나르며 마을 공동체를 지켜오고 있다.

강원도 인제군 북면은 설악산에서도 북설악에 해당한다. 이곳은 구체적인 주소보다는 백담사로 더 잘 알려져 있다. 인제군에 들어서 백담사로 가는 도로변에는 황태포를 파는 매장과 황태해장국 식당이 줄줄이 늘어서 있다. 국립공원, 백담사, 먹거리까지 관광지가 될 만한 요인은 거의 다 갖추고 있는 셈이다.

때문에 자연스럽게 관광객을 대상으로 하는 체험 프로그램이나 특산품 판매를 소재로 하는 마을기업을 떠올리기 쉽다. 하지만 인제군 북면 용대 2리에 있는 용대향토기업은 셔틀버스를 운영하는 마을기업이다. 관광객을 주요 고객으로 하는 것은 맞지만, 제공하는 서비스는 예상을 훨씬 빗나갔다.

　필자가 용대향토기업을 방문한 날, 국립공원 주차장은 행락객들의 차량으로 거의 꽉 차있었다. 바로 옆에는 차양막을 쳐놓은 ㄷ자 모양의 마을버스 승강장이 있었는데, 승강장에는 빈 공간이 없을 정도로 승객들이 줄지어 기다리고 있었다. 승객들은 대부분 외지에서 찾아온 관광객들이었다.

　승강장에 들어온 마을버스는 37인승이었다. 외관이 세련되어 어디 내놔도 손색이 없겠다는 생각이 들었다. 이 셔틀버스는 설악산 국립공원 주차장에서 백담사 입구까지 7.2킬로미터를 운행한다. 승객들은 승강장 옆에 있는 매표소에서 표를 산다. 요금은 8년째 편도 2천원, 학생에게는 천원을 받고 있다.

　주차장에서 출발하면 버스는 백담사까지 도중에 정차하지 않고 운행한다. 도로가 좁아서 양쪽에서 오는 버스가 마주치는 경우에는 피해갈 수 있도록 도로에는 45곳의 교행지점이 있다. 운전기사들은 무전을 해가며 운행을 한다. 원래 이 버스의 배차간격은 30분이지만, 이 날처럼 관광객이 몰리는 성수기에는 37인승 좌석에 승객이 모두 타면 바로 출발한다. 마을버스의 승객 수는 계절별로 편차가 큰 편이다.

　"주요 고객은 봄가을은 백담사를 찾아가는 신도들이고, 여름은 관광객들입니다. 많을 때는 하루에 4천명에 가까운 승객이 우리 버스를 이용하는 날도 있습니다. 그런 날은 정신이 없죠."

　용대향토기업의 박문실 대표는 매출이 가장 많을 때는 가을 성수기 40일 정도라고 설명한다. 그중에 여름과 가을 매출이 전체 매출의 60퍼센트를 차지한다. 버스시간도 여기에 맞춰 운행한다. 승객이 적은 봄철에는 오전 9시가 첫 차, 오후 5시가 막차지만, 여름에는 오

용대향토기업의 버스를 이용하는 승객들은 설악산 관광객들과 백담사의 신도들이 대부분이다. 성수기에는 하루에 4천명의 승객들이 이용하는 날도 있다.

전 7시에 출발해서 오후 7시까지 버스를 운행한다. 관광객들이 많을 때는 밤늦게까지 근무를 한다.

마을주민 18명 일자리를 얻다

용대향토기업에서 근무하는 버스기사는 모두 12명이다. 보통 나흘 근무를 하고 하루를 쉬는 시스템이다. 급여는 시간수당까지 합하면 성수기에 250만 원 정도를 받는다. 시골의 버스기사라고 만만히 봐서는 큰 코 다친다. 버스기사라는 직업 자체가 힘든 일인데다, 무전교신을 하면서 교행에도 신경써가며 운전한다는 것이 여간 까다로운 게 아니라는 것이다. 특히 성수기 때는 밤늦게까지 일을 하기 때문에 더 힘들다. 이런 까닭에, 대형면허를 가진 주민이 예닐곱 명 더 있지만 버스기사 한 명을 구하는데 석 달이 넘게 걸린 적도 있었다고 했다.

눈이 오는 12월부터 이듬 해 2월까지는 버스 운행이 중단된다. 도로가 협소한데다 요철도 심하고 굴곡이 심해서 눈이 오면 사고의 위험이 크기 때문이다. 용대향토기업은 이 석달 동안에도 운전기사들에게 급여를 지급하고 있다. 정확히 말하면 기본급을 주고 있다. 박문실 대표는 이와 같이 말한다.

"마을 주민들이 근로자로 일하는 마을기업입니다. 일이 없더라도 기본적인 생계비는 지급하는 게 맞다고 봅니다. 서로에 대한 신뢰를 확인해주는 의미도 있다고 봅니다."

용대향토기업의 근무자격은 용대 2리에 2년 이상 거주한 주민이어야 한다. 승강장에서 만난 버스기사 이원선씨도 이 마을 주민이었다. 2년 동안 운전기사로 근무하고 있는 이원선씨가 웃음지으며 말했다.

"시골 리 단위에서 마을기업이 수익을 낸다는 것이 쉬운 일인가요? 이런 마을기업이 있다는 것은 정말 자랑하고 싶은 일입니다."

근무운전기사 12명에 개표직원이 3명, 사무실 직원이 3명이다. 성수기에는 6명의 임시직원을 더 채용한다. 박문실 대표는 마을기업이 맡아야 될 가장 큰 역할을 고용창출이라고 말한다. 성수기 때는 27명에서 28명이 이 마을기업에서 일자리를 얻는다.

용대향토기업의 2012년 매출은 16억 원을 기록했다. 해마다 3

1   버스 매표와 검표는 물론 운전과 회계 일까지 모든
분야의 업무를 용대마을 주민들이 맡아서 하고 있다.

2   산뜻한 색상의 37인승 셔틀버스. 백담사에서 넘겨줬던
버스 한 대가 이제는 10대로 늘었다.

~5퍼센트씩 성장하고 있다. 처음에 한 대로 시작한 버스가 지난 해는 10대로 늘어났다. 버스가 수요를 창출하면서 승객이 늘어났고 거기에 맞춰 버스가 증차됐다. 이들은 2012년 대한민국 농어촌 마을 대상 '색깔 있는 마을' 부문에서 국무총리상을 받았고, 행정안전부의 우수마을기업에 선정되었다.

백담사에서 넘겨준 버스 한 대로 시작

용대향토기업의 출발은 백담사와 연관되어있다. 원래, 이 마을버스는 백담사에서 운영하던 것이었다. 수익 때문이 아니라, 오직 백담사에서 신도들을 수송하기 위한 목적으로 운행했다. 걸어서 가면 30분에서 40분이 걸리기 때문에 노약자인 신도들에게는 쉽지 않은 거리였다.

그러던 것을 백담사 측에서 용대 2리 마을에는 해준 게 없다며 버스 사업을 권했다. 그때, 버스사업권과 버스 한 대를 마을에 넘겨주게 된 것이다. 이 버스로 1996년 7월 합자회사 용대향토기업이 출범했다. 주민 25명이 3백만 원씩을 출자한 결과물이었다.

막상 회사를 차리기는 했지만 걱정은 태산 같았다. 이것은 일반 제조업이나 식품가공업도 아니고 전국적으로 많이 하고 있는 체험마을도 아니었다. 버스운행이나 버스관리에 전혀 경험이 없는 시골주민들이 운영하다보니 어려운 점이 한두 가지가 아니었다.

특히, 버스기업은 부가가치가 높은 사업이 아니라는 것을 깨닫게 됐다. 100원을 벌면 원가율이 80퍼센트 이상을 차지했다. 도로에 굴곡이 많아서 저속운행을 해야 하고 유류대가 많이 들어간다. 더구나 굴곡이 많고 요철이 심해서 차량의 내구연한이 짧았다. 보통은 10년 정도지만 여기서는 6년을 지나면 대체차량을 구입해야 되는 실정이었다.

더구나 인제군에서도 처음부터 온전히 허가를 해준 것은 아니었다. 전체 7.2킬로미터 가운데 3.4킬로미터만 허가를 내줬다. 지금 운행하고 있는 7.2킬로미터 전체 구간의 허가가 난 것은 회사가 설립되고 7년이 지난 뒤부터다. 올해로 3년 째 대표를 맡고 있는 박문실 대표는 하루도 쉬는 날 없이 근무를 했다고 한다.

용대향토기업의 버스는
7.2킬로미터 구간을
30분 간격으로 운행한다.

'혹시 교통사고는 나지 않을까 다리를 뻗고 잠을 자지 못합니다. 1년 365일 계속 긴장을 해야되니까 일반 제조업과는 성격이 많이 다르죠.' 라며 박대표는 고충을 털어놓았다.

이런 어려움도 있었다. 워낙 많은 사람이 백담사를 다녀가기 때문에 도로에서는 아찔한 순간이 한두 번이 아니라고 한다. 커브 길에 돌을 쌓아놓거나 술에 취한 채 누워서 차량통행을 방해하는 관광객들 때문에 버스기사들이 소스라치게 놀랐다고 한다. 그러나 버스운전이라는 것이 항상 위험을 안고 있는 것이지만, 굴곡이 심한 도로를 다니기 때문에 과속사고가 날 가능성은 적다. 조심하면 오히려 안전할 수 있다는 판단이 들면서 용대향토기업 사람들은 조금씩 자신감을 갖게 됐다고 한다.

흑자를 낸 것은 회사설립 후 6년이 지나서였다. 이때부터 사업이 정상 궤도에 오르면서 해마다 다음 해를 내다보며 영업을 준비할 수 있을 정도로 사업이 안정화됐다. 초창기는 사무실 없이 공원 안에서 매표와 검표작업을 했다. 우천시 매표를 할 때에 돈이 비에 젖기라도 할라치면 방에 들어가 돈을 말려서 챙겨 나오기도 했다. 박문실 대표는 그러면서도 '어떻게 해서든지 직원들 월급이 체불되지 않도록 했고 늦어진 적도 한 번도 없었다.' 고 힘주어 말한다.

돈을 벌어 마을을 살찌우다

'용대향토기업이 이 마을을 이전보다 윤택하게 하는데 기여했다고 생각하느냐'는 질문에 박대표는 서슴지 않고 '그렇다'고 답했다. 용대향토기업이 일자리 창출 못지않게 중요하게 여기는 것은 인재육성이다.

용대향토기업에서는 용대리에 살고 있는 고등학생이 대학에 들어가면 신입생들에게 50만 원씩을 지원하고 있다. 용대초등학교 졸업생 전원에게는 장학금을 준다. 인제군 장학재단에도 5년째 장학금을 내놓고 있다. 이밖에 마을의 경로당, 마을회관의 공공요금도 버스를 운영해서 번 돈으로 내고 있다. 마을에 내놓은 발전기금도 상당한 액수라고 했다. 하지만 박문실 대표는 구체적인 액수는 밝히지 않을 테니 그냥 넘어가달라고 말했다.

5년 전부터 구정과 추석 때는 조합원 가정에 20~30만 원의 배당금이 전달된다. 이 마을기업은 전체 197가구의 세대주 전원이 조합원으로 가입되어있다. 용대향토기업의 최고의결기구는 마을총회

박문실 대표. 빈틈이 없고 신중한
성격으로 용대향토기업의 시작부터
줄곧 함께해왔다.

다. 대표이사도 이 마을총회에서 뽑는
다. 용대향토기업이 이 마을에 가져온
가장 큰 변화는 주민들의 의식이라고
한다. 마을기업이 외부에 알려지면서
점차 자신감을 갖게 되었고 독립적으
로 일을 해결하려는 굳건한 마음가짐
이 생겼다고 한다.

지도자가 정직하면 마을기업이 성공한다?

"조그만 마을기업이기 때문에 대형 교
통사고라도 나면 그냥 회사가 없어질
수도 있습니다. 기사들에게 안전운행
을 당부하고 또 당부합니다. 지금까지
한 번도 사망사고나 큰 인명사고가 발생하지 않은 것은 모두 조합원
들의 땀과 노력 때문입니다."

이 마을 출신인 박문실 대표는 올해로 55세이다. 고향을 떠나 서
울 생활을 20년 동안 했다. 8년 동안 속기사를 했고 변호사 사무실에
서 근무한 경험이 있다고 했다. 매사에 신중하고 꼼꼼한 자세가 몸에
뱄다는 것을 인터뷰 도중에도 여러 차례 실감할 수 있었다.

박대표는 1997년에 고향으로 내려와서 용대향토기업이 설립됐
을 때 초대 총무를 맡았었다. 직접 운전대를 잡기도 했고 버스 매표
와 검표부터 감사까지 역임한 용대향토기업의 산증인이다. 마을기업

의 성공조건에 대해서 박문실 대표는 '지도자가 정직해야 됩니다. 사심 없이 투명하게 일처리를 해야 직원들이 따라옵니다. 윤리경영이 반드시 있어야 됩니다.' 라고 말한다.

박대표는 원래 대표를 2년만 하고 그만두려 했지만, 한 번 연임이 돼서 두 번째 임기를 맡고 있다. 박문실 대표는 아직까지는 마을기업 근로자들의 복지혜택이 충분치 않다고 말한다. 근로자들이 자부심을 갖게 해주고 싶지만, 그 요구를 모두 수용할 수 있는 여력이 아직은 부족하다. 그럴 때는 솔직하게 상황을 말하고 그 약속을 지키려고 노력한다고 말한다.

용대향토기업은 승강장 바로 옆에 컨테이너 박스를 설치해놓고 사무실로 사용하고 있다. 컨테이너 사무실도 설치한 지는 4년 밖에 되지 않는다. 인터뷰는 이 컨테이너 박스에서 이뤄졌다. 변변한 사무실도 없지만 애쓰게 번 돈을 학생들의 장학금과 마을발전기금으로 내놓는다.

이렇듯 건강한 정신과 마을기업 대표의 정직성은 구성원들의 신뢰를 얻고 마을 공동체와 마을기업을 이어주는 가교와도 같다. 그저 교통사고가 나지 않고 직원들 월급이 늦어지지 않도록 하는데 최선을 다했다는 용대향토기업은 오늘도 소처럼 우직하게 걸어가고 있다.

우리 마을 포인트

1. 7.2킬로미터 구간, 37인승 버스 한 대라는 시장구조는 경험이 없는 농촌주민들이 선뜻 뛰어들어 수익을 내기에는 쉽지 않은 환경이었다. 하지만 일반 업체가 참여하기는 어려운 시장이기 때문에 잘만 활용하면 틈새시장이 될 수 있겠다고 판단한 주민들의 경영감각이 돋보였다.

2. 설립 이래 지금까지 17년 동안 기업을 유지해왔다. 단 한 번도 임금이 체불된 적이 없고 백담사에서 넘겨준 버스 한 대로 시작해 10대를 운행하는 버스회사로 성장해왔다는 사실 자체가 이 마을기업의 저력을 보여준다.

3. 마을기업이 뿌리를 내리고 있는 마을 공동체 정신에 충실했다. 버스 운행이 중단되는 겨울에도 마을주민인 버스기사들에게는 기본급을 지급했다. 학생들에게 장학금을 주고 명절 때는 배당을 실시하고 대표이사는 마을총회에서 뽑는다. 마을기업이 마을과 떨어져서는 존재할 수 없다. 마을기업이 마을 주민들과 공동체 운명을 공유함으로써 기업운영의 가장 안정적인 토대를 확보했다.

마을기업
더 보기

용대향토기업
주소 강원도 인제군 북면 용대리 890번지
설립 1996년
원천소재 버스
경쟁력 마을 공동체 정신
연락처 (033)462-3009
홈페이지 http://blog.daum.net/gidxh3009

불에 익힌 돌로 고구마를 익혀먹는 삼굿구이.

산골짜기 농촌에도
보물이 있다?

한드미 유통영농조합법인 | 충북 단양군 가곡면

다양한 농촌체험관광이 붐을 이루고 있다. 하지만 문만 열어 놓은 채 개점휴업이다시피 한 체험마을이 수도 없이 많다. 운영이 된다고 해도 여름 한 철 반짝인 곳이 태반이다. 이는 일 년 내내 운영할 수 있는 '알맹이'와 '사람'이 없기 때문이다. 체험관광의 일번지라고 할 수 있는 이 마을은 프로그램 개발, 인력운영 등에서 농촌체험관광의 전형이라고 할 수 있다.

충북 단양군 가곡면의 한드미 마을은 산촌이면서도 제법 넓은 농경지를 가지고 있다. 소백산에 인접한 이 일대의 다섯 골짜기 가운데 가장 크고 넓은 들과 계곡이 있다고 해서 '한들한드미', '한곡' 마을이라는 이름이 붙여졌다고 한다. 들이 넓으니 쌀이 많이 나서 잘 사는 마을로 통했다. '한드미 마을로 시집을 보내야 참나무 장작에 쌀밥을 지어 먹는다'는 말이 나올 정도였다.

한드미 마을은 농촌체험마을 1세대에 속한다. 정부가 농촌의 어메니티amenity를 바탕으로 농외소득을 올리기 위해 조성한 것이 각종 체험마을이다. 1세대 체험마을은 가서 배울만한 마을도 없었고 하나부터 열까지 모든 것을 스스로 깨우치고 배워야했다. 애써 배워서 체험 프로그램을 만들면 그대로 다른 마을에서 따라했다. 그렇게 되면 마을이 차별화되지 않았다.

요즘에는 도시에서도 각종 체험프로그램을 운영한다. 때문에 한드미 유통영농조합법인의 정문찬 대표는 계속 새로운 것을 내놓지 않으면 힘들다고 판단했다. 도시에서는 도저히 할 수 없고 한드미 마을에서만 가능한 체험 프로그램을 만들자고 마음먹었다. 그래서 나온 것이 '삼굿구이'였다.

삼굿구이는 어렸을 때 했던 돌무지 체험에서 착안했다. 강가에서 모래 위에 돌로 성을 쌓고 나뭇가지를 주워다가 불을 피워놓은 다음, 돌이 달궈지면 고구마를 넣고 돌을 허물어뜨려서 고구마를 덮는다. 그 뒤에 풀과 모래로 돌을 덮고 물을 부으면 돌이 식으면서 증기가 생겨 고구마가 타지도 않고 딱 먹기 좋게 익었다. 돌무지 체험을 했더니 반응이 너무 좋았다. 이렇게 하면 되겠구나 싶었는데 문제가 생겼다. 15명 이상이 참여하면 고구마가 많아서 잘 익지 않았다. 보통 체험 관광객들은 관광버스를 대절해서 오기 때문에 30명 규모가 참여할 수 있는 프로그램이 필요했다. 어떻게 해야 할지를 고민하다가 대마를 삶는 방법을 떠올렸다. 쉽지 않았다. 11번의 시행착오를 거쳐서 겨우 방법을 찾게 되었다.

"그냥 익히면 밋밋하고 재미가 없잖아요. 그래서 어떻게 하면 아이들이 좋아할까 생각하다가 익힌 돌에 물을 부어서 수증기가 나올 때 구멍을 작게 하고 수증기가 마치 폭발하는 것처럼 나오도록 만들었죠. 그 때 수증기가 모두 새어 나가면 고구마가 익지 않는다고 하면 아이들이 좋아가지고 열심히 흙을 덮고 요란을 떨면서 어쩔 줄을 모르더라고요."

삼굿구이는 소요되는 시간과 노동량이 적당하고 극적인 효과가 있다. 참가자들의 만족감도 컸다. 박대표가 재연한 삼굿구이는 30분에서 40분 정도 소요되는 시간이 정확했다. 이에 삼굿구이는 한드미 마을의 대표 체험 프로그램으로 자리매김했다. '돌무지체험', '삼굿구이'를 시작으로 한드미 마을이 자랑하는 체험프로그램의 콘셉트는 '슬로우 푸드slow food'이다. 수제 소시지, 오색 수제비, 오색 칼국수, 진달래 화전 등을 직접 만들어 먹어보는 것이다. 이것은 한드미 마을만의 색깔이 담겨있는 콘셉트이다. 대개 한드미 마을에는 7, 8월에 방문객들이 제일 많다. 봄과 가을이 시작되는 5월과 10월에도 체험 관광객들의 발길이 꾸준히 이어지고 있다.

여기에도 고비는 있었다. 겨울이 문제였다. 체험마을이 잘된다고 해도 연중 관광객을 불러 모을 수 있는 콘텐츠가 부족하면 시설 운영비를 내기도 힘들었다. 2008년의 경우 신종 인플루엔자가 한참 유행하면서 국민들의 바깥나들이가 급격하게 줄었다. 이로 인해 체험마을 운영에 직접적인 타격을 받았다. 18명에 가까운 체험마을 직원들의 월급을 주기도 힘들어서 3천만 원의 신용대출을 받아 줘야 할 형편이었다. 하지만 이런 위기가 이번 한 번으로 끝날 것 같지 않았다. 생각하면 할수록 비수기와 비상상황을 대비한 수입원의 포트폴리오가 필요하다는 것을 절감했다. 그래서 떠올린 것이 겨울 캠프였다.

그때까지만 해도 겨울에는 마땅한 체험 프로그램이 없었다. 찾는 사람도 적었다. 하지만 겨울을 틈새시장으로 활용하여 한 달 동안

각 지역 체험마을의 공통과제는 관광객을 꾸준히 유치하는 것이다. 한드미 마을도 체험객 유치에 어려움을 겪었지만, 이제는 사계절 체험 관광이 가능한 체험마을로 탈바꿈했다.

겨울캠프를 열었다. 기대 이상으로 반응이 괜찮았다. 사계절 내내 관광객이 방문할 수 있는 전천후 체험마을의 물꼬를 트게 됐다. 아기자기한 체험프로그램이 재밌다는 입소문이 나면서 한드미 마을을 찾는 관광객이 계속 늘었다. 2005년 노무현 대통령이 한드미 마을을 방문한 것을 계기로 관광객이 2만 명을 넘어서 3만 명을 돌파하게 됐다. 2013년은 4만 명을 넘을 것으로 예상된다.

한드미 마을사람들이 관광객들에게서 가장 자주 들었던 말은

'어렸을 때 살던 집에 온 것 같다는' 이야기였다. 그래서 한 번 다녀간 사람들이 다른 사람을 데려오고 그런 방식으로 해서 방문객들이 늘어났다고 한다. 듣기로는 한드미 마을을 추천한 사람이 욕을 먹은 적은 없다고 한다.

두 번의 귀농, 잠들지 않은 농촌운동의 꿈

정문찬 대표는 1958년 개띠다. 가정형편이 어려워서 고향을 떠나 부산에서 공업고등학교를 다녔다. 그 후 1978년에 농촌운동을 하겠다는 마음으로 고향에 내려왔다. 심훈의 《상록수》를 읽으며 키워왔던 꿈이다. 고향에서 시작한 것은 양계였다. 일단 생계를 해결해야 했기 때문에 닭 3천 마리를 키웠다.

하지만 축산파동이 일면서 축산물 값이 곤두박질쳤다. 부모님이 물려준 재산을 팔아 겨우 사료 값을 내고 2년 만에 부산으로 내려갈 수밖에 없었다. 꿈을 제대로 펼쳐보지도 못한 채 접을 수밖에 없었다. 다시 각박한 도시생활이 이어졌다. 설계사무소 직원, 택시기사, 부동산 중개업 등의 일을 했다.

하지만 바쁜 도시생활에서도 꿈을 놓지 않았다. 다시 귀농을 생각했다. 마침내 1997년에 2차 귀농을 했다. 이장을 맡아서 우선 마을 환경을 정비하는데 힘을 쏟았다. 열심히 노력했지만 자금에서 길이 막혔다. 어떻게 풀어야 되나 고민하다 〈농민신문〉에서 답을 얻었다. 그가 본 것은 정부가 농촌체험마을을 육성한다는 기사였다.

2003년, 한드미마을은 농림부에 사업계획서를 내고 농촌체험마을에 선정됐다. 2억 원을 지원받아서 브로크 담장을 없애고 마을에 돌담을 쌓았다. 2004년에는 한드미 마을이 있는 월곡 2리가 산촌생

정문찬 대표. 두 차례의 귀농 끝에 오늘의 한드미 마을을 일궈냈다. 일관된 자세, 투명한 회계처리 등으로 마을 주민들의 신뢰를 얻었다.

태마을로 선정됐다. 농협의 팜스테이 farm stay 마을에 이어서 농촌마을종합 개발사업 대상지역으로도 지정받게 됐다.

정대표를 바라보는 마을 주민들의 시선도 바뀌기 시작했다. 1997년에 귀농하여 꾸준히 마을 사업을 추진하는 것을 보면서 시골 노인들이 마음을 열었다. 정대표는 면 소재지에서 장사를 하는 지인들을 통해서 돼지고기와 닭발 등을 얻어다가 경로당에서 노인들에게 대접하며 그 자리에서 마을회의를 여는 방식으로 주민들에게 다가갔다. '저 놈이 도시에서 내려와서 이 마을에서 뭘 빼가려고 궁리를 하는가' 하며 지켜보던 주민들은 일관성 있게 마을사업을 추진하는 정대표에게 점차 전폭적인 신뢰와 지지를 보내게 되었다.

최초의 법인화, 농촌 최적의 이익분배 '독립채산제'

한드미 마을은 2007년에 한드미 유통영농조합법인을 구성했다. 한 구좌에 10만 원, 20가구가 적게는 20만 원에서 1천 5백만 원까지 모두 1억 7천만 원을 출자했다. 농촌체험마을로는 가장 먼저 법인화를 추진했던 것이다. 지금은 전체 43가구 가운데 39가구가 한드미 유통영농조합법인에 참여하고 있다.

필자는 마을기업이나 농촌체험마을을 취재하면서 이익을 분배하는 방식을 놓고, 주민들이 갈등을 겪는 경우를 자주 보아왔다. 사업경험이 부족한 마을 주민들이 오랜 시간 사업을 하며 한 길을 함께 걸어간다는 것은 결코 쉬운 일이 아니다. 질그릇보다 깨지기 쉬운 것이 동업이라고 하지 않던가. 경영체를 구성했다가 주민들 간의 갈등 때문에 깨진 경우도 많이 보아왔다. 그렇다면 이곳은 지금까지 어떻게 단합을 유지해왔을런지 새삼 궁금했다.

마을기업 단합의 핵심은 수익을 잡음 없이 분배하는 것이다. 한드미 마을에서는 처음에는 공동생산, 공동분배 방식으로 이익을 나눴다. 그랬더니 하향평준화가 되었다. 일을 열심히 하는 주민이 조금하는 사람에 맞춰가더라는 것이었다. 이래서는 안되겠다 싶어서 점수제를 도입했다. 근무일수와 근무시간에 맞춰서 급여를 주는 방식이었다. 이또한 문제가 있었다. 본인은 바쁘다고 나오지 않고, 일 못하는 할머니나 시어머니 등을 내보내는 경우가 더러 있었기 때문이다.

그래서 도입한 것이 '독립채산제'였다. 농촌체험팀, 상거래팀, 환경정비팀, 조리팀, 농촌유학팀으로 나눠서 매출액의 10퍼센트와 숙박비의 70퍼센트는 사무국에 내고 나머지는 팀별로 이익을 가져가는 방식이었다. 그랬더니 마을 주민들이 어떻게든 비용을 줄이고 매출을 키우려고 노력한 결실이 확연히 드러났다. 정문찬 대표는 농촌체험마을이나 마을기업에서는 일단 이 방식을 채택할 것을 권하고 있다.

한드미 마을에서는 2013년부터는 월급제로 전환했다. 독립채산제도 나쁘지 않았지만, 일을 게을리하는 주민들이 설 곳이 없어졌다.

정문찬 대표는 농촌이 활성화되기 위해서는 교육이 살아야 된다고 믿었다. 농촌유학을 통해 폐교 위기의
학교를 살려낸 시골마을에는 아이들 웃음소리가 가득했다.

정대표는 한 마을 공동체인데 일을 못하거나 시간 때우기 식으로 하는 주민들이 각 팀에서 소외받는 것이 마음에 걸렸다. 그래서 마을기업의 생산성을 올리면서도 이익분배에 따른 갈등을 최소화하기 위해 한드미 마을은 끊임없는 고민을 했고, 여러 가지 모형을 시도했다.

농촌이 살아나려면 아이들이 있어야 한다

필자가 한드미 마을을 방문했을 때, 마을 사무실에서는 농촌유학센터와 관련된 회의가 진행되고 있었다. 체험 프로그램도 잘 되는데 왜 농촌 유학 사업을 추진했는지가 궁금했다. 이 질문에 정문찬 대표는 진지한 표정을 지으며 말했다.

"농촌이 살려면 아이들이 마을에 들어와야 됩니다. 그러기 위해서는 학교가 필요합니다."

정문찬 대표가 마을기업을 시작할 때만 해도 30가구에 불과했지만 지금은 47가구로 늘어났다. 이 가운데 17가구는 귀농한 가구다. 정대표는 한드미 마을에 찾아오는 방문객이 늘어나면서 함께 일할 사람이 더 필요했다. 그래서 괜찮다 싶은 사람을 만나면 귀농을 권유했다. 마을의 빈 집도 손을 봤다. 정대표의 생각에 공감하고 농촌생활을 동경해온 사람들은 내려오겠다고 마음을 먹었다가도 마을에 있는 학교가 없어진다는 말을 들으면 그대로 돌아가 버렸다. 가곡면 월곡 2리에는 가곡초등학교 대곡 분교가 있다. 그곳은 2007년 학생이 네 명으로 줄면서 폐교 위기를 맞았다.

정대표는 학교가 있어야 농촌마을이 살아날 수 있겠다는 깨달음을 얻었다. 이대로 가다가는 함께 일해 왔던 동지들도 아이들 교육 때문에 다시 도시로 떠날지 모르고, 그렇게 되면 7,8년 동안 농촌공동체에 쌓아왔던 것이 물거품이 될지도 모른다고 생각한 것이다. 이러한 현실인식이 더욱 뚜렷해지면서 그는 2006년에 처음으로 농촌유학에 뛰어들었다.

처음에는 교류학습의 형태였다. 교류학습이란, 본래 학적은 다니던 학교에 두고 시골학교에 3개월 동안 다니는 것을 말한다. 이 경험을 바탕으로 정대표는 2007년부터 본격적인 농촌유학을 시작했다. 교육이 어떤 건지는 몰라도 체험 프로그램을 운영하면서 아이들과 놀아주는 것만큼은 자신이 있었다. 농촌유학 프로그램을 본격적으로 추진하면서 체험 프로그램은 3분의 2로 축소했다. 체험관광객들의 숙소를 유학센터로 리모델링했다. 1차 목표는 대곡분교의 폐교를 막는 것이었다. 계절별, 절기별로 365일 즐길 수 있는 프로그램을 개발했다. 밴드, 사물놀이, 미술심리, 생태관찰, 관악부 등의 프로그램도 운영했다.

이런 노력이 성과를 내면서 폐교위기까지 갔던 대곡분교의 학생수는 42명으로 늘어났다. 이 가운데 35명이 한드미 마을에서 운영하는 농촌유학센터를 다니고 있다. 농촌유학센터에는 현재 48명의 학생이 있다. 초등학생만을 대상으로 하다가 2012년부터는 중학생도 받기 시작했다. 올해로 초등학교는 7기, 중학교는 2기를 맞았다. 이곳은 5박 6일 동안의 예비캠프를 거쳐야 입학할 수 있고 최장 4년까지 다닐 수 있다. 박문찬 대표는 나이 어린 학생들이 농촌을 바로 배우고 성장해서 농촌에서 살아야겠다는 생각을 하면 최상이겠지만, 농촌을 바로 아는 것만으로도 만족이라고 말한다.

마을기업 대표, 욕심내면 안된다

"절대로 마을기업 대표가 돈에 손을 대서는 안됩니다. 마을기업이 잘 깨지는 이유는 대표가 신뢰를 못 주기 때문입니다. 결국에 가서는 대표 혼자 돈 벌고 자기 앞으로 마을자산을 빼돌릴 것이라고 생각해서 주민들은 불신을 갖고 있습니다."

정문찬 대표는 마을기업을 운영하면서 지키고 있는 철칙에 대해서 이렇게 말했다. 여기에는 두 가지 뜻이 담겨있다. 반드시 총무와 회계를 두고 지출을 투명하게 하라는 뜻이다. 다른 하나는 마을기업 대표가 욕심을 내서는 안 된다는 것이다. 사심을 버리고 마을 공동체를 위해서 이익을 나눠야 된다는 것이다.

정문찬 대표는 한드미 마을이 잘될 것이라는 확신을 갖고 있다고 했다. 장차 마을기업에 30명까지 고용하는 목표를 세워놓고 있다. 고시공부를 하던 아들도 귀농시켜서 지금 한드미 마을의 사무국에서 일하고 있다. 정대표의 가장 든든한 후원자인 부인은 식사를 제공하는 조리팀에서 일을 하고 있다. 온가족이 한드미 마을과 함께 하고 있는 것이다. 정대표는 5년 전부터 노인복지를 위한 호스피탈리티 센터hospitality center를 계획하고 있다. 이것은 체험 프로그램에서 농촌유학으로, 농촌유학에서 노인복지로 발전시켜 가면서 농촌의 공동체를 살리겠다는 그가 실천하는 꿈이다.

우리 마을 포인트

1. 이익배분의 잡음이 없도록 공동배분, 점수제, 독립채산제, 월급제 등의 다양한 모델을 시도하였다. 급여체계가 잘못되면 내부갈등의

씨앗이 될 수 있다. 구성원들의 숙련도와 작업시간, 참여도 등에 따라서 최적의 급여체계를 정하는 것은 마을기업 운영에서 대단히 중요하다.

2. 어디에서도 따라올 수 없는 체험 프로그램을 개발했고 일 년 연중 운영할 수 있는 모델을 갖췄다. 체험마을 운영이 힘든 것은 한 철 반짝하는 수준으로는 시설 가동률이 낮아서 시간이 흐르면 흐지부지되기 때문이다. 연중 체험 고객을 유치하는 것은 체험 마을의 최대 과제다.

3. 체험마을에서 만족하지 않고 긴 안목으로 마을 공동체가 지속될 수 있도록 시골학교 살리기, 농촌유학센터를 추진해 마을을 활성화시켰다. 마을 공동체를 살리기 위한 마을기업의 활동 가운데 가장 완결성이 높은 모델이다.

4. 마을기업 대표가 두 차례의 귀농, 정부 사업 참여를 통해 주민들의 전폭적인 신뢰를 받은 것은 향후 마을기업 운영에 큰 추진력이 됐다. 마을기업 대표는 전문성과 추진력, 청렴성을 겸비해야 구성원들의 참여를 이끌어낼 수 있다.

한드미 유통영농조합법인

주소 충북 단양군 가곡면 어의곡 2리 한드미길 30-12번지
설립 2007년
원천소재 농촌 환경
경쟁력 차별화된 체험 프로그램
연락처 (043)422-2831
홈페이지 www.handemy.org

배추밭,
금싸라기 땅이 되다

의야지 청년회 경제사업단 | 강원도 평창군 대관령면

여름에는 배추밭이지만, 겨울이 되면 황금밭으로 변하는 땅이 있다. 이 황금밭을 보기 위해서 해마다 10만 명이 넘는 외국인 관광객들이 찾아온다. 척박한 환경을 역발상으로 돌리니 이 마을만의 독보적인 부가가치가 창출됐다. '농촌은 아무것도 버릴 게 없는 자원의 보고寶庫인가!' 이는 대관령의 배추밭이 우리 농촌에 던지는 질문이다.

강원도 평창군의 횡계 지역은 해발 832미터의 대관령을 이고 있는 백두대간의 고원이다. 한여름에도 에어컨이 필요 없을 만큼 선선하다. 여름에는 좋지만, 겨울에는 파묻힐 만큼 눈이 많이 내린다. 2018년 동계올림픽을 유치할 수 있었던 것도 이 눈이 있어서 가능했다. 하지만 동시에, 이 눈은 농민들에게는 극복해야할 과제였다.

이 지역에서 실제로 농사지을 수 있는 기간은 1년에 6개월 밖에 되지 않는다. 나머지 6개월은 눈과 추위에 맞서 싸워야 된다. 농사짓는 기간이 6개월이면 단모작 밖에 할 수가 없다. 때문에 시장상황이 잘 맞아떨어지면 쏠쏠하게 돈을 벌수도 있지만, 농사가 한 번 잘못되면 그 타격이 2~3년은 갈 수 있다.

농한기는 길고 단모작 농사의 위험성은 크기 때문에 산골 농민들에게는 대책이 필요했다. 고랭지 농사만 지어가지고는 11월부터 3월까지는 할 일이 없었다. 농한기에 수입을 올릴 수 있는 대체 소득원이 있다면 좋겠다는 것에 마을 주민들은 공감하고 있었다. 하지만 딱히 뾰족한 수가 없었기에 서로 얼굴만 빤히 쳐다 볼 뿐이었다.

땅, 눈, 바람이 돈이 되더라

돌파구를 찾은 것은 2005년, 당시 청년회가 일을 벌였다. 겨울이면 질리도록 내리는 눈을 자원화하자는 의견이 나왔다. 한겨울에 놀리는 밭을 활용해서 눈놀이 시설을 만들어보자는 생각이었다. 그리고 그 해 10월부터 청년회원을 중심으로 사업비를 모았다. 50여 가구 주민 가운데 40여 명이 1인당 10만 원에서 5백만 원씩을 출자했다. 자본금 2억 원의 영농조합법인 의야지 청년회 경제사업단이 정식 출범하게 됐다.

일은 재빠르게 진행됐다. 폭 25미터, 길이 125미터, 135미터의 눈썰매장 두 곳이 만들어졌다. 눈썰매장 사이에는 리프트 역할을 할 수 있는 비닐하우스를 만들어놓았다. 배추밭은 평당 300원에 100일 동안 사용하는 조건으로 빌렸다. 그렇게 해서 얼음 썰매, 스노우 래프팅, 튜브 썰매, 사륜 바이크 등을 할 수 있는 종합 눈놀이장, '대관령 스노우 파크'가 마침내 12월에 문을 열게 되었다.

사업을 벌여놓고 보니 제법 괜찮았다. 하지만 운영해서 돈을 번다는 것은 만만치 않은 문제였다. 처음부터 시행착오가 많았다. 눈썰

2005년, 마을 청년회가 조성한 대관령의 '스노우파크'. 전국에서 가장 일찍 문을 열고 가장 늦게 문을 닫는 눈썰매장이다.

매장은 자연 눈 위에 인공 눈을 뿌려서 조성한다. 하지만 처음이다 보니 일회성 설비에 자금이 과다하게 투여됐다. 안전망, 펜스, 이동통로를 겨울에 행사 한 번 치르면 모두 철거해 버리는 시설물로 설치한 것이다. 또한 기름값만 6천만 원이 들어가기도 했다. 2008년 9월 이장이었던 최태헌 회장이 의야지 청년회 경제사업단을 맡았을 때, 법인 앞으로 3억 원에 가까운 부채가 있었다.

　　당시는 사업이라는 개념조차 없었고 단지 '해보자'는 의욕만 있었다. 우선은 비용을 줄이는 것이 급선무였다. 초창기 때, 발전기에만 의지하던 전력을 산업용 전기로 바꿨다. 이로써 기름값은 10분의 1로 줄었다. 또한 일회성 시설물도 다 뜯어고쳤다. 안전망과 펜스, 이동통로를 3천만 원을 들여 고정시설물로 설치했다. 그렇게 해서 겨울에 인공눈만 뿌리면, 눈썰매장으로 사용할 수 있게 되었다.

이렇게 준비를 해놓고, '100일 눈 축제'를 개최했다. 눈썰매장이 외부에 알려지고 2009년 겨울부터 새로운 방식으로 전환되면서 대박이 터진 것이다. '100일 눈 축제'에 3만 5천명이 넘는 관광객이 산촌마을의 눈썰매장을 다녀갔다. 이 수입으로 그동안 쌓여있던 부채 2억 1천만 원을 갚을 수 있었다.

"정부 보조금을 받을 생각도 없었고 어떻게든 우리 힘으로 해보자고 일을 벌였죠. 빚은 3억 원이나 쌓여있고 어떻게든 돈 벌어서 빚 갚고 조합원들에게 배당해야 된다는 책임감이 컸습니다."

최태헌 대표는 어떻게든 이 눈썰매장을 활용해서 수익을 내야 된다는 생각밖에 없었다고 한다. 청년회에서 만든 스노우파크 눈놀이장은 전국에서 가장 빠른 12월 20일에 개장을 해서 가장 늦은 3월 10일에 폐장한다. 필자가 방문했을 때는 한여름이어서 배추가 심어져 있었고, 농민들은 밭에서 일을 하고 있었다. 눈앞에 펼쳐진 온통 푸른 배추밭이 겨울에는 눈썰매장이 된다는 것이다. 마치 눈썰매장을 겸해서 이용하라고 만들어놓은 것처럼 배추밭은 45도 경사가 있었다. 외형적인 조건이 기가 막히게 맞아떨어진 것이다. 일이 잘 되다보니 배추밭 임대료도 절감할 수 있게 됐다. 눈놀이장 운영이 좋은 성과를 내자, 배추밭 주인도 체험 프로그램 운영에 참여하며 임대료를 받지 않았다. 이곳 종합 눈놀이장 만의 차별화된 시설은 무엇이냐는 필자의 질문에 최태헌 대표는 천혜의 자연환경을 꼽으며 이와 같이 말했다.

"전국에 눈놀이장이 많죠. 그런데 이곳의 눈은 아주 깨끗합니다. 또 굉장히 자주 내립니다. 대관령의 이미지가 청정과 자연이기 때문에 그곳에 가면 아주 깨끗한 환경을 즐길 수 있다는 인상을 주는 것 같습니다."

고령화된 마을에 청년회가 있더라

필자가 둘러본 마을기업 가운데 청년회가 중심이 된 곳은 의야지 바람마을 외에는 없었다. 고령화가 심각한 농촌에서 청년회라니, 최태헌 대표를 만나기 전까지는 이해가 되지 않았다. 대관령의 농민 가운데는 의외로 젊은 사람들이 많다. 전체 농가의 35~40퍼센트는 50대 이하이다.

고랭지 농사는 본인만 열심히 하면 꽤 고소득을 안겨 준다. 때문에 도시에 나가 직장 생활을 했던 주민이 다시 고향으로 내려와 농사를 짓는 경우를 어렵지 않게 찾아볼 수 있다. 하지만 그렇다고 해서 청년회가 처음부터 조직되어 있었던 것은 아니다. 스노우파크를 만들기 전에는 청년회라는 조직이 없었다.

2005년에 스노우파크를 만들면서 23명의 마을 청년들이 뜻을 모아 비로소 청년회가 만들어졌다. 자격은 만 50세 이하로 36세가 가장 젊다. 회원 가운데는 30대가 가장 많다. 도시에서도 살았기 때문에 사회 각 분야의 경험도 있고 무엇보다도 젊기 때문에 겁내지 않고 일을 벌일 수 있었던 것이다.

스노우파크를 개장하고, 강원도의 새 농어촌 건설 사업에 응모

한여름에는 푸른 배추밭이 겨울이면 눈썰매장으로 변신한다. 적당히 경사가 있어서 눈만 내리면 그대로
눈썰매장이 되는 천혜의 환경이다.

해서 최우수마을에 선정됐다. 2007년에는 녹색농촌체험마을청년회에서 운영, 2010년에는 정보화마을에 연이어 선정됐다. 지난해는 농림부의 마을 경영체 평가에서 선정되어 5천만 원을 지원받아서 의야지 바람마을 입구에 이동식 화장실을 설치했다. 지금은 청년회 회원 수가 조금 감소하기는 했지만, 청년회는 다른 마을에서는 거의 찾아보기 힘든 의야지 바람마을의 중심이자 자랑이다.

위험성 낮추기 위해 사계절 체험 전환

의야지 바람마을의 회계연도는 3월 10일부터 이듬해 3월 9일까지다. 3월 10일은 눈놀이장이 폐장하는 날이다. 겨울사업이 중심이기 때문에 회계연도가 거기에 맞춰져 있다. 하지만 겨울체험의 비중이 높다보니 운영상의 큰 문제가 발생하기도 했다.

2010년 겨울, 신종 인플루엔자가 대한민국을 휩쓸고 지나가면서 사람들은 문 밖으로 나가지 않았다. 그 여파로 의야지 바람마을의 방문객이 곤두박질치면서 7백만 원의 적자가 났다. 이듬해에는 구제역이 터지면서 또 방문객이 급감했다. 겨울 체험이 잘될 때는 좋지만 한번 타격을 입으면 그대로 적자가 났다. 한 철 장사이기 때문에 손실이 나면 본전을 찾을 길이 없었다. 마을에서 6천만 원을 운영지원금으로 받아서 급한 불은 껐지만, 안될 때를 대비해서 뭔가 대책이 필요하다는 것을 절감하게 됐다.

고민 끝에 겨울체험 위주였던 체험 프로그램을 사계절 체험으로 전환하기로 했다. 막상 체험 프로그램을 늘리려고 했지만, 마땅치 않았다. 당시 체험 프로그램이라고 해야 사륜 바이크, 치즈 만들기 체

양 먹이주기와 양털 깎기는 청소년들에게 큰 인기를 얻고 있다.

험, 양 먹이주기 밖에 없었다. 그래서 볼거리를 늘리기 위해 인근의 삼양 대관령 목장과 협약을 체결했다. 의야지 바람마을을 방문한 관광객을 삼양 대관령 목장으로 보낼 테니, 입장료는 50퍼센트만 받도록 해달라는 협약이었다. 그리고 비누체험과 아이스크림 만들기 체험을 개발하고, 자작나무 목공예 체험교실도 운영했다.

의야지 마을에서는 눈썰매 외에도 풀썰매, 치즈와 잼, 비누 만들기, 사륜 오토바이 등 다양한 체험 프로그램을 즐길 수 있다.

그러면서 이야깃거리도 만들었다. 이 마을에는 민간 회사에서 운영하는 풍력발전기 52개가 설치되어 있다. 그리고 이 지역에는 '바람부리'라는 지명이 남아있다. 고지대이기도 하겠지만, 바람이 많이 분다는 것이 역사와 현실을 통해 입증된 것이다. 이 바람을 상표화해보자는 발상이 떠올랐다. 그래서 2009년부터 의야지 마을은 오늘의 '의야지 바람마을'이 된 것이다. 이 생각을 떠올린 사람이 최태헌 대표다. 바람은 대관령의 푸른 초원과 드넓은 목초지가 주는 깨끗한 이미지를 더욱더 극대화시키는데 일조했다.

의야지 바람마을이 유명하게 된 데는 외국인들의 공도 크다. 의야지 마을에는 한 해 10만 명의 해외 관광객이 다녀간다. 주로 홍콩, 싱가포르, 인도네시아, 태국, 대만, 말레이시아 등 동남아시아 관광객이다. 이 나라에서는 눈 구경을 할 수 없기 때문에 대관령의 의야지 마을에 오면 대단히 신기해한다고 한다. 대관령에는 6월에도 눈이 내릴 때가 있다. 필자는 인터뷰가 이뤄지는 도중에 촬영을 잘 마치고 돌아간다는 아리랑 국제방송 취재진을 만날 수 있었다. 외국인 방문객들은 계속 눈에 띄게 늘어나고 있는 추세다.

"비교적 수도권에서 접근성이 양호한 편이죠. 또한 이곳은 고원지대이고 눈이 많이 내리는 자연환경이 동남아 관광객을 유치하는데 결정적인 역할을 한 것 같습니다."

김진유 사무장의 설명이다. 특히, 봄과 겨울에는 눈썰매를 타고 여름에는 외국인들에게도 인기 있는 강릉의 해수욕장과 연계할 수 있기 때문에 여건이 좋다고 말한다. 평창 동계올림픽에 맞춰 복선전철이 생기면 한 시간 거리가 되기 때문에 전망은 더욱 좋아질 것이라며 기대감을 나타냈다.

김진유 사무장은 농협에서 근무하다가 퇴직한 뒤, 2011년부터 의야지 바람마을의 안살림을 맡고 있다. 올해 53세로 최태헌 대표와는 친구 사이이다. 최대표가 일을 벌이면 김사무장은 차분하게 정리를 하면서 의야지 바람마을을 안팎에서 이끌어가고 있다. 동갑내기 친구의 우정과 고향 사랑이 의야지 바람마을에 큰 힘이 되고 있다.

"보조금 기대면 망합니다!"

의야지 바람마을에는 지난 해 10만 7천 명의 방문객이 다녀갔다. 매출은 7억 원 정도를 올렸다. 방문객은 꾸준히 증가하고 있다. 봄가을에는 수학여행, 단체손님도 이곳을 다녀간다. 사업 시작하던 때를 생각하면 비약적인 성장이다. 이러한 성과를 통해 의야지 바람마을이 마을주민에게 가져다 준 가장 큰 변화는 '자신감'이다.

이곳의 체험 프로그램은 주민들이 진행해서 수입을 가져가는 방식으로 운영된다. 6명의 주민들이 직접 프로그램을 맡다보니 서비스가 개선되고 프로그램 내용도 더욱 알차졌다. 체험 프로그램을 운영하기 전에는 사람들 앞에 서면 얼굴이 빨개져 말 한마디도 제대로 못하던 시골 주민들이었다. 그들은 마을 사무국에서 만들어 준 대본을 암기해서 체험 관광객을 가르쳤고, 점차 자신감이 생겼다. 노인

최태헌 대표는 보조금에 기대면 망한다는 점을 계속 강조했다. 내 돈을 투자해서 망하지 않기 위해서 필사적으로 뛰는데서 경쟁력이 나온다고 말한다.

들도 적극적으로 변했다. 눈놀이장의 하루 일당은 9만 원이다. 지역 주민을 우선 고용하기 때문에 하루에 평균 6명이 100일 동안 일자리를 얻게 되는 것이다. 경로당의 노인들은 서로 시켜달라고 부탁할 정도다. 이를 통해 일을 할 수 있게 만들어준 마을기업의 소중함을 알게 됐다. 또한 해외 관광객이 몰려오는 지역이라는 데서 느끼는 주민들의 자긍심도 대단하다.

사실, 필자는 의야지 바람마을에 대한 자료조사를 하면서 눈이 많이 내리는 대관령이기 때문에 전국의 다른 어떤 마을보다도 좋은 여건이라고 생각했다. 때문에 의야지 마을 사람들이 성공을 거둔 것

은 자연환경에서 얻은 혜택의 힘이 크다고만 생각했다.

하지만 현장에 와서 보니 그렇지가 않았다. 평창군에 있는 16개의 체험마을 가운데 제대로 운영되는 마을은 고작 다섯 군데에 불과했다. 배추밭을 보고 눈썰매장을 떠올릴 수 있는 감각과 적자를 흑자로 바꿔놓는 뚝심의 경영 마인드는 어떻게든 현실을 개선해보겠다고 발버둥치는 사람에게서만 나오는 것이다.

"보조금 받아가지고 망한 곳이 한두 곳이 아닙니다. 별 의지도 없고 능력도 없는데 보조금 줘봐야 헛돈입니다. 보조금에 기대면 망합니다."

보조금에 대한 최태헌 대표의 생각은 확고하다. 최대표는 이 마을의 토박이다. 그는 소규모의 유통을 하면서 한 번도 마을을 떠난 적이 없다. 묵묵하게 고향을 지켜온 것이다. 이제 제법 안정적인 궤도에 올라왔다고 볼 수 있지 않냐는 필자의 질문에 최대표는 '마을사업을 안정적인 토대 위에 올려놓으려면 주민들의 참여가 더 늘어야 한다'고 말했다. 배추밭을 '황금밭'으로 일궈낸 주민들이다. 분명, 그들의 손에서 마을의 운명이 바뀔 수 있으리라 믿어 의심치 않는다.

우리 마을 포인트

1. 배추농사를 짓는 데만 이용됐던 배추밭을 겨울에는 눈썰매장으로 활용해보겠다는 발상은 마을기업의 로컬 콘텐츠 활용이라는 측면에서 볼 때, 백미라고 할 수 있다. 사업 소재인 눈, 배추밭, 바람은 전형적인 이 마을의 지역자산이다. 한겨울에는 놀리는 밭을 사용했으니 기회비용은 0원, 눈과 바람은 천연자원이기 때문에 투자효율로 치면 이보다 더한 투자는 없다.

2. 보조금에 기대지 않고 처음부터 자력으로 사업을 추진했다. 사업 초기에 경험이 부족해 3억 원의 빚을 졌지만, 이 빚을 갚기 위해 사력을 다한 결과 사업은 흑

자로 돌아섰다. 보조금으로 추진했다면, 사업이 난관에 부딪혔을 때 그대로 주저 앉았을지 모른다. 결국, 내 돈이 들어간 사업에서 손해를 보지 않기 위해서는 최선을 다해야한다는 확실한 책임경영이 수익을 창출하게 한 것이다.

3. 도시에서 거주하며 각 분야에서 경험을 쌓은 청년들이 회원으로 가입했다. 농촌에서는 보기 드물게 마을 청년회가 나서면서 사업을 안정적으로 추진하는 토대가 됐다.

4. 한겨울에 수익이 편중되는 것을 개선하기 위해 운영방식을 사계절 체험으로 전환했다. '의야지 바람마을'이 대관령의 '눈'과 '바람'이라는 훌륭한 로컬 컨텐츠를 보유하고 있는 것은 맞지만, 한겨울에만 국한된다는 리스크를 안고 있었다. 이러한 한계를 극복하기 위해 다양한 체험 프로그램을 개발하고 지역주민이 직접 체험강사로 참여함으로써 훨씬 안정된 수익 포트폴리오를 갖추게 됐다.

의야지 청년회 경제 사업단

주소 강원도 평창군 대관령면 횡계리 사부랑길 8번지.
설립 2005년
원천소재 배추밭, 바람, 눈
경쟁력 차별화된 자연환경
연락처 (033)336-9812
홈페이지 www.windvil.com

여민동락 공동체 사무실 전경.

청춘의 열정,
농촌에서 꽃피워라

여민동락 공동체 | 전남 영광군 묘량면

시골마을에 세 쌍의 젊은 부부가 찾아왔다. 그들은 있는 돈을 탈탈 털어 노인복지센터를 설립했다. 모싯잎 송편공장도 차렸다. 송편을 팔아 번 돈으로 농촌복지사업을 하겠다는 것이다. 그들의 목표는 자립할 수 있는 농촌공동체를 만드는 것이다. 20대 청춘을 사회변혁을 위해 바쳤던 이들의 꿈이 무르익을 때면 농촌공동체는 큰 변화를 맞게 될 것이다.

전남 영광군은 굴비로 유명하지만 또 하나의 특산품이 있다. 바로 모싯잎 송편이다. 굴비 판매점 정도는 아니어도 영광 읍내에는 모싯잎으로 송편을 만들어 파는 가게가 많이 있다. 노인들이 모싯잎 송편을 만드는 마을기업이 있다고 해서 필자의 머릿속에는 대충 어떠어떠하겠다는 밑그림이 그려졌다. 하지만 영광에서 만난 사람들은 단순한 마을기업을 뛰어넘는 이상을 품고 있었다.

사회변혁의 꿈을 농촌에서

2008년, 세 부부가 전남 영광군 묘량면으로 내려왔다. 아파트 전셋돈을 빼고 보험도 해약했다. 부모님이 돌아가시면서 받은 유산까지 몽땅 털어서 1억 7천만 원을 마련했다. 두 명은 중학교에서 기간제 교사를 하고 한 명은 광주 입시학원에서 영어강사를 해서 돈을 벌었다. 이렇게 모은 돈으로 노인복지센터를 운영할 여민동락 공동체 건물을 짓고 마을기업 '할매손'을 설립했다.

강위원. 여민동락공동체 전 대표, 광주시 광산구 노인복지관 관장. 한총련 의장출신인 강위원 관장은 보조금을 받지 않는 복지공동체를 농촌에서 만들어가고 있다.

　　광주시 광산구 노인복지관의 강위원 관장은 여민동락 공동체 설립을 주도했던 3인방 중 한 명이다. 강관장은 1997년, 5기 한총련 의장을 맡았던 운동권 출신이다. 그가 전남대학교 총학생회장을 맡고 있을 때, 총학생회 간부였던 후배 권혁범씨, 학생 운동권이었던 이영훈씨와 함께 농촌복지공동체를 만들어보자는데 의기투합이 된 것이다.

　　세 부부는 강위원 관장의 고향인 전남 영광군에서 첫 발을 떼기로 했다. 지역조사를 해보니 1,950명의 주민가운데 730명이 65세 이상이고 절반 이상이 독거노인이었다. 농촌 고령화에 대해서는 알고 있었지만 이 정도일 줄은 몰랐다. 이들이 농촌공동체 운동에서 노인복지를 서두에 내세운 이유가 바로 여기에 있다.

"우리가 20대에 품었던 뜻을 휘발시키지 않고 세상을 좀 더 한 뼘이라도 낫게 만드는데 의미 있는 사회적 실천을 하고 싶다는 거였죠."

강위원 관장의 설명이다. 전자안마기, 에어컨 등 센터 운영에 필요한 집기와 물품들은 주변의 친지들과 선후배들의 도움을 통해 하나씩 장만했다. 노인복지센터는 17명 정원을 받을 수 있는 규모로 짓고, 설립허가를 받았다. 이곳은 미술, 한글교실, 건강검진, 물리치료, 영화감상 등의 프로그램을 진행하고 있다. 노인복지센터를 운영하기 위해 세 부부는 모두 사회복지사, 요양보호사 자격증을 땄다. 강위원 관장은 2003년, 대구 달성군의 사회복지시설에서 자원봉사자로 일하다가 2007년 2월까지 사무국장으로 근무했다. 거기서 사이버 강좌를 통해 사회복지사 자격증을 땄다. 노인 목욕서비스도 하고 도시락 배달 운전도 했다. 이는 사회복지를 바닥부터 공부하고 현장에서 몸으로 배울 수 있는 소중한 경험이었다.

"농촌에 가면 젊다는 것 하나만으로도 재산이 됩니다. 그래서 후배 사회복지사들에게 도시에 있지 말고 정말 당신들의 존재를 필요로 하는 농촌에 가서 일하라고 말합니다."

강위원 관장은 달성군의 사회복지시설에서 일했던 경험이 없었다면 면사무소에서 볼펜만 굴리는 사회복지사가 됐을지도 모른다고 말했다.

강위원씨는 고향인 전라남도 영광군에서 중학교까지 다녔다. 고향으로 내려온다고 했을 때 부모님도 반대했다. 일부에서는 영광군수, 국회의원 출마하려고 온 것이 아니냐며 의심의 눈초리로 쳐다봤다. 학생운동 경력 때문에 적대시하는 주민도 있었다. 무엇보다도 시골 주민들은 '10년 뒤면 노인들도 세상을 떠나고 없어질 것인데 뭐 하려고 와서 노인들 똥 기저귀 빨려고 왔느냐, 희망 없는 시골에 뭐 하려고 왔느냐'며 안타깝게 생각했다고 한다.

마을 주민들이 이 모든 오해를 풀고 세 부부를 인정하게 된 계기가 있었다. 바로 방역서비스였다. 어느 날, 면사무소에서 차량 기름값을 지원해 줄 테니 마을 방역을 대행해주면 어떻겠냐는 제안이 들어왔다. 기름값이란 말에 귀가 번쩍 뜨였다. 노인복지센터를 운영하면서 노인들의 잔심부름을 하기 위해 수시로 읍내를 다니다 보니 기름값 부담이 너무 컸던 게 사실이었다. 그래서 기름값을 대준다는 소식이 너무나 반가웠다.

즉시 그들은 3백만 원을 주고 구입한 중고트럭으로 묘량면의 42개 마을을 돌며 방역을 해줬다. 집집마다 찾아가서 축사와 화장실까지 주민들이 원하는 곳은 방역을 다해줬다. 버스에는 사회복지사도 타고 있어서 방역을 하는 동안 마을의 이장, 부녀회장, 조손가정 아이들과 만나서 복지환경 조사를 했다. 돈 안들이고도 마을 사정을 한눈에 파악할 수 있었다. 7월부터 석 달 동안 '여민동락'이라고 써 있는 트럭을 타고 다니며 집집마다 방역과 복지상담을 병행했다. 방역차량은 작업할 때 소리가 크게 나기 때문에 홍보효과는 더 없이 좋았다.

노인들은 일부러 집안까지 들어와서 몇 번이고 방역을 해주고, '사시는데 어려운 점은 없냐'고 말동무까지 해주는 젊은 사람들이 고마웠다. 이에 대한 보답으로, 감자를 삶아주고 채소를 싸주고 음료수를 사가지고 찾아오는 주민들도 있었다. 이로써 여민동락 공동체와 시골 주민들이 직접적인 관계를 맺기 시작한 것이다. 얼마 못 가서 떠나버릴 것이라고 생각했던 마을 주민들은 마음을 열기 시작했다.

| 마을기업 희망 공동체: 농촌을 살리는 대안 경제

농촌의 고령화, 독거노인의 문제는 생각보다 심각했다. 여민동락공동체는 20대 시절 품었던 꿈을 농촌에서 펼쳐보기로 다짐했다.

일 년이 채 안되어 후원 회원도 늘었고 젊은 사람들이 애쓴다며 주민들은 먹을거리를 가져다줬다. 한 달에 만 원부터 10만 원까지 후원해주는 CMS Cash Management Service 회원이 400명을 넘어섰다.

10원짜리 커피의 기적

여민동락 공동체 사무실 앞에는 10원짜리 커피자판기가 설치되어있다. 동네에 다방이 없으니 어르신들이 커피라도 편하게 드시라는 뜻이었다. 커피자판기 밑에는 '사랑의 동전함'을 설치해서 이용자들의 자발적인 성원을 받기도 했다. 10원이라는 가격에는 여러 가지 의미가 담겨 있다. 꼭 10원을 받자는 뜻보다는 10원을 통해 교감하자는 뜻이다. 여유가 없는 사람은 10원을 내고 마시고, 조금 여유가 있는 사람은 더 내고 마셔서 10원짜리 커피자판기를 주민들의 힘으로

커피 한잔을 10원에 마실 수 있는 '10원 커피
자판기'는 농촌복지를 꿈꾸는 여민동락 공동체에게
소중한 깨달음을 안겨주었다.

계속 운영해가자는 뜻이었다. 그저 듣기만하면 이상적이고 아름다운 이야기일 수 있다.

하지만 현실은 전혀 달랐다. 깔때기를 대고 주전자에 커피를 받아가는 화물차 운전자가 있는가 하면 모내기할 때 주전자로 받아가는 노인들도 있었다. 직원들은 이렇게 해서는 보통 손해가 아니니 그만두자고 했다. 하지만 그래도 밀어붙였다. 일단 3개월만 버텨보자고 한 것이다.

그러자 3개월 후부터 조금씩 상황이 바뀌기 시작했다. 깔때기를 가지고 커피를 담아갔던 '문제의 화물차 운전사'가 저금통을 가지고 와서 커피 자판기에 돈을 넣더라는 것이다. 그때는 동전이 없어서 그냥 마셨다고 하면서 말이다. 거짓말처럼 천 원을 넣고 커피는 한 잔만 마시고 가는 주민도 나오게 됐다. 직원들 사이에서는 적어도 10원짜리 커피가 미친 짓은 아니라는 생각이 조금씩 들게 됐다.

"마을방역에서 배운 것이 있습니다. 선의에서 출발하면 거기에는 반드시 선의를 가진 사람의 협력이 돌아온다는 것이죠."

강위원 관장은 10원짜리 커피 자판기를 통해 정말 많은 것을 배웠다고 말한다.

보조금 받지 않는 복지공동체

세 부부가 여민동락 공동체를 시작하면서 자체적으로 만든 3개조의 헌법이 있다. 제1조는 재정자립의 원칙이다. 자립능력이 80퍼센트 이상 될 때까지는 국가보조금을 받지 않는다는 뜻이다. 제2조는 노동을 통하지 않은 외부 후원은 그 10분의 1을 기부한다. 제3조는 아이들을 유학 보내지 않고 시골학교에 보낸다, 가 바로 그것이다.

강위원 관장은 복지시설에서 근무하면서 정부 보조금이 어떤 부작용을 가져오는지를 생생하게 목격했다. 한 달에 3천 원을 내는 회원을 하느님처럼 생각하다가 수억 원의 정부보조금을 받게 되자, 군청과 시청 공무원만 눈에 들어오더라는 것이다. 후원자들에게 고맙다고 편지를 쓸 필요도 없게 되었다. 복지시설의 관심사는 개미 후원자를 발굴하는 것이 아니라 한 푼이라도 보조금을 더 받아오는 것이 되어버렸다. 이를 두고 '복지가 커지자 사람이 사라져버린 것'이라고 표현한다.

그래서 어떻게 할까를 고민했다. 스스로 내린 결론은 가난하게 사는 방식을 선택하는 것이었다. 가난하더라도 십시일반으로 서로 보듬고 살면 '소박한 복지가 주민을 살리고 사회를 사회답게 만든다'고 믿었기 때문이었다. 보조금의 노예가 되지 말자고 다짐한 것이다.

실제로 이런 일이 있었다. 여민동락공동체가 초창기에 야학을 할 때의 일이다. 전기세 부담도 있고 공간도 부족해서 인근의 교회 식당을 빌렸다. 야학을 할 수 있는 공간을 내준 것도 고마운데 목사님이 간식을 준비해줬다. 평일에는 아이들의 놀이터로 공간을 제공해줬다. 신도들은 여민동락에 와서 봉사활동을 했다. 지역사회와 손을 잡으니 이로써 많은 일이 해결되었다.

"만약 부자였다면 지역사회와 연대하는 필요를 못 느꼈겠죠. 가난이 주는 지혜라고 생각합니다."

여민동락 공동체 사람들은 지금도 최소한의 생활여건으로 살고 있다. 그러한 노력 없이 농촌공동체 사업을 한다는 것은 불가능하다고 생각하면서 말이다.

재정자립 마을기업 '할매손'을 만들다

2009년 8월, 여민동락공동체는 모싯잎 송편을 만드는 마을기업 할매손을 창립했다. 여기서 벌어들인 수익으로 노인복지센터를 비롯한 마을 공동체 사업을 추진하고 어르신들에게 일자리를 제공한다는 목표에서 출발한 것이다. '할매손'이 잘되어야 마을 공동체 사업을 계획대로 추진할 수 있게 되었다.

농촌복지사업을 하면서 여민동락 공동체 사람들은 농촌의 노인들에게는 두 가지의 '돌봄'이 필요하다고 생각했다. 첫 번째는 오랜 농사일로 근골격계가 좋지 않은 분들과 혼자 사는 노인들을 위한 돌봄, 두 번째는 건강은 좋지만 경제적으로 어려운 분들을 위한 돌봄이다. 여민동락공동체는 노인복지센터에서 아픈 노인들을 모셔다 돌보고 있지만, 노인복지의 본령은 노인들이 건강하게 마을 주민들과 잘 사시다가 생을 마감할 수 있도록 하는 것이라고 생각했다.

"어떻게 하면 교회헌금도 내고 손주 용돈도 쥐어주면서 품위 있는 노후를 보낼 수 있을까. 할 일이 없어서 경로당에서 고스톱이나 치면서 마치 아프기를 기다리고 있는 것은 구체적인 생산 활동이 없

할매손 모싯잎 송편 3대 정신

1. 생명의 땅 농촌의 전통농업방식인 유기농 친환경 생산 원칙을 추구하라.
2. 사람의 평화와 건강을 지키는 먹거리에, 만드는 이의 魂(혼)을 담아라.
3. 마을공동체를 살리고 사람을 섬기는 농촌복지에 모든 이익을 나누라.

더불어 행복한 세상을 만드는 비영리단체 여민동락 공동체

마을기업 할매손에서는 농촌 노인들이 모싯잎 송편을 만든다. 최고의 노인복지를 노인들 스스로
만들어가고 있다.

기 때문이라고 판단했습니다."

강위원 관장은 노인들이 자존감을 가지고 활기차게 살 수 있는 방법은 결국 일자리 창출이라고 믿었다. 어르신들을 모아놓고 어떤 사업을 하면 돈을 벌 수 있겠냐고 물어봤을 때 돌아온 대답은 '우리 같은 사람들이 뭘 할 수 있다요, 떡이나 만들라고 하면 만들지 다른 것은 못하제.' 그래서 자연스럽게 시작한 것이 지역특산품인 모싯잎 송편 공장이다.

"떡은 만들 수 있다고 말했지만 막상 어르신들도 마을기업을 설립한다고 하니까 우리가 만든 떡이 팔릴까 걱정을 하시더라구요."

백선희 복지팀장은 초창기를 회상하며 말했다. 아니나 다를까 처음에는 시행착오도 많았다. 모싯잎 송편과 가루송편, 깨송편, 개떡 등을 열심히 만들었다. 명절을 앞두고 상당한 물량의 주문이 들어왔다. 신이 나서 노인들이 열심히 송편을 만들었는데 크기가 제각각이었다. 모양도 일정치가 않았다. 소비자들에게서 반품이 들어왔다.

"뱃속에 들어가면 다 똑같은 거제 모양이
뭔 상관있다고 난리당가."

상품이라는 것에 대해서 시골 노인들은 잘 이해하지 못했다. 할매손에서 일하는 노인들의 평균연령은 65세 이상이다. 상근직원이 세 명이고 성수기는 열 명이 근무한다. 이곳의 근무 시스템은 철저하게 농촌 환경에 맞춰져 있다. 때문에 성수기에는 매일 근무하지만, 평소에는 농촌 노인들이 빈 시간에 와서 일을 하는 방식이다. 아직 주문이 많지 않기 때문에 한 달에 4일에서 6일 정도를 일하고 월급으로 15만 원에서 45만 원 정도를 받는다.

이렇게 해서 2012년에 2억 원의 매출을 올렸다. 추석 때, 일 년 매출의 절반이 들어온다. 노인들은 직접 모싯잎 송편을 만드는 쪽과, 모싯잎, 콩을 재배하는 쪽으로 나눠진다. 농작물 재배는 동락원이라는 농장에서 이뤄진다. 할매손에서는 2만 6천 제곱미터의 노는 땅을 임대해서 40여명의 노인들이 모싯잎과 콩을 재배한다.

할매손을 맡고 있는 권혁범씨는 전남대학교 사범대를 졸업한 뒤 임용고시를 준비하다 강위원 관장과 뜻이 맞아 합류했다. 강위원 관장이 전남대학교 총학생회장으로 활동할 때, 총학생회 문화국장으로 손발을 맞춰 왔던 사이다. 권혁범씨는 마을기업 할매손에 대해서 생산성의 문제를 어떻게 풀어야 될지 고민하고 있다.

"영광 읍내에 있는 다른 모싯잎 송편 공장들은 생산설비가 자동화되어있습니다. 하지만 할매손은 일자리를 만든다는 취지가 있기 때문에 필수적인 설비를 제외하면 수작업에 의존합니다. 생산성이 높지 않죠. 급여는 적어도 더 많은 일자리를 어르신들께 드리는 것도 중요합니다."

지금까지 노인 일자리라는 '착한 목표'를 앞에 세웠다면 이제는 생산성을 끌어올리는데도 역점을 둔다는 계획이다. 할매손이 노인 일자리라는 취지를 뛰어넘는 성과를 내기 위해서는 근본적으로 풀어야할 과제가 더 있다. 모싯잎 송편은 3분의 2정도가 인터넷 쇼핑몰로 나간다. 나머지는 도매, 장터, 백화점 등에서 팔린다. 고정적인 판로가 부족하기 때문에 매출이 들쭉날쭉해서 꾸준히 주문량을 확보하는 게 중요 과제다. 백선희 복지팀장은 모싯잎 재배에 무농약 인증을 받았고 국산 콩과 무농약쌀을 원료로 사용한다는 것도 적극 홍보하며 할매손 운영의 기본을 잡아나가겠다고 말한다.

구매난민을 위한 이동점방

필자는 여민동락 공동체에서 '구매난민購買難民'이란 말을 처음 들었다. 그들은 농촌에서 생필품을 제 때 구입하는 것이 어려워 큰 불편을 겪는 주민들이다. 영화관, 목욕탕이 없어진지는 오래됐고 가장 기초적인 물품을 구입하는 것도 어려워졌다.

2011년 동네에 남아있던 구멍가게마저 없어지자, 노인들이 막

생활필수품을 제때 구하기 힘든 농촌 주민들을 위해 '동락점빵'은 토요일마다 마을을 찾아 나선다.

걸리 한 병을 사기 위해 영광읍까지 가야 하는 상황이었다. 농협에서 운영하는 매장이 있기는 하지만, 거기까지 가는 것도 여의치 않은 노인들도 있고 일부 생필품은 읍내까지 나가야 하는 것도 있다. 모두가 아는 문제였지만, 어느 누구도 대책을 내놓지 못하고 있었다. 노인복지를 고민하던 여민동락 공동체도 이 문제의 심각성을 피부로 느끼고 있었다.

그러던 중 영광군에서 5천만 원을 지원받게 되었다. 이 돈이 정부에서 받은 유일한 돈이다. 5천만 원으로 점방을 짓고 탑차를 샀다. 농촌 주민들에게 필요한 생활필수품을 싣고 다니며 판매하는 이동점방이다. 수익보다는 구매난민을 위한 복지사업이다.

탑차에는 파스, 형광등, 간장, 소금, 두부, 콩나물, 아이스크림, 제철음식 등을 싣고 다닌다. 미리 주문을 받아서 매주 토요일마다 묘량면의 42개 마을을 돈다. 영업시간은 오전 10시부터 오후6시까지이

다. '동락점빵'은 여민동락 공동체가 설립한 마을기업 2호다. 동락점
빵의 탑차가 생기자, 논에서 일을 하던 노인들이 삽을 들고 외치면
그 자리에 차를 세우고 막걸리, 안주를 내려놓고 가는 진풍경을 보게
되었다.

　　강위원 관장은 '동락점빵'의 탑차를 '만만한 이동 슈퍼'라고 부
른다. 시골 주민 누구나 손만 들면 가다가도 서서 물건을 내려주기
때문이다. 만만하지만 적자는 나지 않았다고 말한다. 이문이 남지 않
는 동락점빵이 화제가 되면서 올해는 사회적 기업 진흥원에서 주민
들이 운영하도록 한다는 계획을 가지고 있다.

농촌학교 살려 공동체를 살리자

2009년에 전라남도 영광군 묘량 중앙초등학교가 폐교 위기를 맞았
다. 묘량면에 남아있는 유일한 학교였다. 학생이라고는 12명밖에 없
다. 당장 여민동락 구성원들의 아이부터 다닐 초등학교가 없어지게
된 것이다.

　　이들은 농촌이, 은퇴한 돈 많은 노부부가 쉬는 목가적인 농촌이
아니라 일하고 돈 벌고 아이들 키우는 생활현장이 되어야한다고 믿
는다. 그러기 위해서는 학교가 반드시 필요했다. 전체 주민을 모아놓
고 어떻게든 학교를 살려야 된다고 호소했다. 초등학교가 없어지면
여민동락 공동체도 문을 닫겠다며 배수진을 치고 학교 살리기에 팔
을 걷어붙였다.

　　할매손을 맡고 있는 권혁범씨가 이 문제 해결에 뛰어들었다. 사
범대 출신이기 때문에 교육에 남다른 관심을 갖고 있던 권씨는 묘량

중앙초등학교 학교운영위원장도 맡고 있었다. 학교가 폐교 위기를 맞게 되자, 2010년에는 15인승 승합차를 구입했다. 아이들의 통학버스로 직접 운전을 하며 등하교를 책임진 것이다. 인터뷰에 응해주었던 백선희 복지팀장도 아이들 하교를 시켜줘야된다며 직접 통학버스를 몰고 학교로 갔다.

학부모들은 방과후 학교 프로그램 운영에 참여했다. 다양한 체험교실과 특기적성 프로그램도 선보였다. 밤 9시까지 돌봄교실도 운영했다. 입소문이 나면서 세 명 뿐이던 유치원생은 지금은 15명으로 늘었고, 2012년 학생 수도 43명으로 증가했다. 영광읍에서도 학생들이 전학을 오는 학교가 됐다. 이에 폐교결정은 철회됐다.

완결성 있는 농촌공동체를

지금까지 여민동락 공동체의 성과는 몇몇의 치열한 활동가들의 손에서 나왔다고 볼 수 있다. 그들의 헌신과 열정이 농촌공동체가 변모할 수 있도록 산파역할을 해준 것이다. 하지만 우리 농촌은 언제까지 소수의 활동가들에만 의지할 수는 없다.

"원래부터 이 마을에 계시던 지도자들과 지역주민들이 스스로 마을 공동체의 자연력을 키워나가는 과정까지 이어가는 것이 목표입니다. 그래야 농촌 전체의 보편적 모델로 기능할 수 있다고 보는 것입니다."

강위원 관장은 그런 측면에서 주간보호시설을 별도로 지어서 마을 주민들이 운영하는 시스템을 만들어보고 싶다는 희망을 나타냈다.

여민동락공동체에는 우리 농촌에서 의미 있는 사회적 실현을 꿈꾸는 30대들이 참여하고 있다. 그 시작은 세 쌍의 부부였다.

강위원 관장은 영광군 묘량면 주민들이 스스로 자치능력을 키우는 것을 향후 과제로 추진중이다. 이들의 꿈은 말 그대로 완결성 있는 농촌공동체를 만드는 것이다. 먼저, 주거기능을 보강하는 것이 핵심이다. 젊은 사람들이 계속 농촌으로 올 수 있도록 50석 규모의 마을 영화관도 짓고, 묘량면에 있는 8개의 법정리에 리별로 마을기업을 만들어서 공동체 기업으로 가꿔나간다는 것이 그 목표다. 이는 국가지원을 최소한으로 해서 자립할 수 있는 공동체를 만드는 것이다. 강위원 관장은 도시형 공동체 사업을 추진한 다음에는 다시 여민동락 공동체로 돌아갈 생각이다.

"젊은 사람들이 농촌으로 들어올 수 있어야 됩니다. 그러려면 젊은 부부가 함께 일했을 때 한 사람이 150만 원 정도는 벌 수 있는 여건을 만들어야 됩니다."

강관장은 이를 위해서는 마을기업이 성과를 내줘야 한다고 말한다. 여민동락 공동체의 구성원들은 20대 청춘을 사회변혁을 위해 바쳤다. 이제 그들이 만들어가는 농촌공동체의 모습은 우리 농촌에 어떤 메시지와 가능성을 던져줄 것인가? 이는 많은 사람들이 이들의 실험을 주목하고 있는 이유이기도 하다.

우리 마을 포인트

1. 마을기업을 주도한 세 쌍의 부부는 20대 때 품었던 이상을 농촌 공동체에 쏟아 부었다. 구성원 모두가 사회복지사 자격증을 땄고 보조금 한 푼 없이 있는 돈을 모두 털어서 노인복지센터를 시작했다. 어떤 마을기업보다도 구성원들이 강한 의지와 헌신, 명확한 목표와 계획을 가지고 있었다.

2. 철저하게 현장에서 숨을 쉬며 마을 주민들의 마음을 얻어나갔다. '이동점방'을 운영해서 생활필수품 구매에 어려움을 겪는 주민들에게 편의를 제공하고 '이

동방역'을 통해서 농촌복지 실태조사를 실시했다. 이는 마을기업이 현장에서 어떻게 뿌리내려야 되는지를 보여주는 실제적인 예라고 할 수 있다.

3. 마을기업의 수익금으로 마을 공동체를 위해 쓴다는 것이 가장 보편적인 모델이다. 하지만 여민동락 공동체는 마을 공동체를 활성화하는데 필요한 재원을 확보하기 위해 마을기업을 만들었다. 이렇게 되면 마을기업의 활동과 목표가 더욱 구체성을 띠게 되고 마을 공동체 활동과 마을기업도 더욱 유기적인 관계를 맺을 수 있다.

마을기업 더 보기

여민동락 공동체

주소 전남 영광군 묘량면 삼학리 702번지
설립 2008년
원천소재 농촌의 주거환경, 농산물
경쟁력 구성원들의 헌신성
연락처 (061)353-9900
홈페이지 www.halmeson.com

일자리에
농촌복지가 있다!

두레농장 | 전북 완주군 비봉면

전북 완주군에서는 자치단체가 일자리를 만들어 농촌형 노인복지를 실험하는 프로젝트가 진행되고 있다. 일반적인 수익성의 잣대로 보면 아직은 부족하다. 하지만 이 모델은 다른 지역에도 적용할 수 있을 만큼 보편적이고 친농업, 친농촌주민적이다. 이는 본격적인 마을기업으로 가기 위한 전 단계로서 대단히 유용하다는 점에서도 관심을 모으고 있다.

'마을기업', '로컬푸드', '농촌형 생산적 노인복지,' 이 세 가지 키워드를 검색하면 가장 많이 나오는 지역이 있다. 바로 전북 완주군이다. 이 세 가지는 농촌에서 자체 생산한 부가가치가 농촌에 그대로 떨어지도록 순환시키는 거점이다. 자치단체는 보조금을 주는 대신 농민들이 스스로 마을의 자원을 일궈서 일할 수 있게 하고 부족한 부분을 옆에서 돕는 방식을 추구하고 있다.

그 중심은 '농촌형 생산적 노인복지'라고 할 수 있다. 다소 어렵게 들리는 이 말을 한 단어로 설명하면 '두레농장'이 된다. 두레농장이라는 이름에서 이 농장이 표방하는 정신과 농장의 정체성을 대충 짐작할 수 있을 것이다. 완주군의 두레농장은 자치단체가 작업할 수 있는 기반을 갖추고 마을 노인들이 일을 해서 수익을 내는 구조다. 완주군이 '로컬푸드 1번지'가 될 수 있었던 것도 두레농장이 있기 때문에 가능했다.

지자체 농장 지어주고 주민들이 운영

필자가 방문한 완주군 비봉면 평치마을의 두레농장은 2012년 4월에 준공되었다. 이 농장은 네 동의 비닐하우스에서 수박, 방울토마토를 생산한다. 방문한 날, 때마침 다섯 명의 노인들이 비닐하우스에서 방울토마토의 순을 치고 있었다.

완주군청에서는 이 두레농장을 짓는데 2억 원을 지원해줬다. 1억 5천만 원으로 비닐하우스 네 동과 작업동 한 동을 지었고, 운영비 5천만 원은 각종 농기구와 집기 및 비품을 구입하고 관리인과 총무에게 한 달에 50만 원씩 주는 월급으로 사용되었다. 전담관리인은 유희빈 위원장이 맡고 있고 총무는 다른 마을 주민이 하고 있다. 마을에서는 두레농장을 만드는데 천만 원을 부담했다. 땅 임대료로 1년에 440만 원을 내고 10년을 임대했다.

이 마을에서는 주민들이 40년 가까이 수박농사를 지었고, 어느덧 방울토마토를 재배한지도 15년이 되었다. 수박과 토마토라면 전국 어느 마을과 비교해도 결코 뒤지지 않는다며 주민들의 자부심이 대단했다. 일흔이 넘은 노인들도 과거에 재배했던 경험이 있기 때문에 수박과 토마토라면 부담 없이 농장에서 일할 수 있었다.

1   평치 두레농장 개장식

2   평치 두레농장 전경. 비닐하우스 4동과 작업동 1동을 갖추고 있다.

수확 첫해인 지난 해는 토마토에서 4천만 원, 수박에서 850만 원의 매출을 올렸다. 급여는 일당제로 하루에 3만 원이고 올해부터 4만 원으로 올랐다. 많이 받아간 주민은 백만 원을 급여로 받기도 했다. 전체 매출에서 천만 원을 마을 환원사업에 썼다. 그리고 가구당 30만 원씩을 배당금으로 돌려줬다.

　　"좋아들 하죠. 단돈 얼마라도 우리가 돈을 벌어서 돌려준다고 하니까 마을 주민들이 아주 좋아하더라고요."

　　유희빈 위원장의 설명이다. 올해 매출 목표는 토마토에서 8천만 원, 수박에서 2천만 원을 올리는 것이라고 했다. 올해는 토마토 작황이 좋지 않은 편이다. 친환경 농산물이기 때문에 농약을 칠 수도 없어서 수확량이 얼마나 될지는 장담하기 어려운 형편이다. 생산한 농산물은 완주군 로컬푸드 직매장으로 출하된다. 로컬푸드 직매장이 95퍼센트, 직거래 장터가 5퍼센트 정도를 차지하는 것이다.

　　마을 주민이라고 해서 아무나 두레농장에서 일할 수 있는 것은 아니다. 이 마을에서 3년 이상 살면서 농업에 종사해야 자격이 주어진다. 전체 62가구 가운데 33가구가 해당된다. 두레농장에 나올 수 있는 주민은 20여 명이고, 많이 나오면 13명 정도가 농장에서 일을 한다. 하루 평균 10명 정도이며 주민들 연령은 60세에서 86세까지다. 이 가운데 6,7명은 따로 수박과 토마토 농사를 짓는 주민들이다.

"오늘 바쁜 날입니다. 농장 꼭 나오세요."

두레농장에는 정해진 근무시간이나 근무일이 없다. 본인들이 시간 날 때 하루든 한나절이든 일을 하는 방식이다. '편한 시간에 나와서 일을 하는 것으로 농작업이 과연 차질 없이 이뤄질 수 있을까?' 공동농장이라는 취지는 이상적이지만, 왠지 현실은 좀 팍팍할 것 같았다. 내 논을 제쳐두고 공동농장 일을 우선할 것이라고는 쉽게 생각되지 않았기 때문이다.

가장 힘들 때가 언제냐는 질문에 유희빈 위원장은 딱 잘라 '없다'고 말했다. 하지만 굳이 말하자면 바쁜 날 주민들이 잘 안 나올 때 힘들다고 했다. 파종하는 날은 농사의 시작이니까 다 나와야 되고 순을 치거나 수확을 할 때가 일손이 가장 필요하다.

순을 칠 때는 제때 나와야 일도 빨리 끝나고 인건비도 줄일 수 있다. 오늘 할 일을 내일로 미루면 작업량이 더 늘어나기 때문에 안 나가도 될 인건비가 지출되고 농작업의 효율도 떨어지기 때문에 두레농장으로서는 손해다. 일손이 급할 때는 유희빈 위원장이 직접 방송을 해서 마을 주민들을 농장으로 불러들인다. 아직까지 차질을 빚은 적은 없다고 한다.

비닐하우스에는 검정 표지의 작업일지가 비치되어 있다. 출근 명부란에는 그날 출근한 주민 이름 옆에 0.5라고 적혀있었다. 하루를 못 채우고 한나절만 일했다는 뜻이다. 하루 종일 일을 했으면 이름 옆에 아무것도 쓰지 않는다. 하루를 쪼개어 본인의 밭과 농장 일을 하기 때문에 대개는 0.5가 많다고 한다. 농작업이 있는 날은 비닐하우스에서 직접 밥을 해서 공동 식사를 한다. 비닐하우스는 백 명 정도를 먹일 수 있는 시설과 공간을 갖추고 있다.

유위원장도 땅을 빌려서 6천 평 규모의 수박, 토마토 농사를 짓고 있다. 유위원장은 주민들의 책임감이 강해서 본인의 밭보다는 농장 일을 우선으로 친다며 자랑했다. 평치마을에서는 올해 여름 미나 두레농장에는 출근명부가 있다. 일한 시간을 본인들이 직접 기입하는 방식이다. 이를 근거삼아 급여를 지급한다.

리를 재배했다. 경북 청도에 가서 배워온 대로 미나리를 재배했지만, 식감이 질겨서 복집 외에는 판로가 없었다. 할 수 없이 갈아엎고 겨울 미나리를 재배하기로 했다. 이제 2년 밖에 되지 않았지만 주민들이 계속 의욕을 가지고 새로운 작목에 도전하고 있다.

아프다가도 일할 때는 안 아파

두레농장에서 일하는 주민들은 크게 두 부류다. 자기 일을 하면서 별도로 농장에 참여하거나 자기 일 없이 시간 날 때만 농장에 참여하는 노인들이다. 일당을 다 모으면 일 년에 2백만 원까지 받아갈 수 있다. 60세 이상의 농촌 노인이 이런 방식으로 일을 한다는 것은 어떤 의미가 있을까?

완주군의 60세 이상 인구는 전체의 24퍼센트를 차지한다. 두레농장은 고독, 질병, 빈곤, 역할상실의 고통을 겪고 있는 노인들이 의욕적으로 참여할 수 있는 생산적 복지형 일자리다. 노인들은 두레농장을 통해 본인의 역할을 찾아 사회에 참여해서 주위 노인들과 어울리며 건강도 챙길 수 있다. 올해 72세인 고성례 할머니는 완주군 비봉면으로 시집와서 평생 수박농사를 지었다고 한다. 그는 특별히 아픈 데는 없고, 혈압을 조절하는 약만 복용하고 있다.

"비닐하우스에 앉아서 하는 이런 농작업 정도는 충분히 하죠. 작업도 그전부터 계속 하던 것이라서 할 만합니다."

아픈 주민들도 나와서 일하면 아픈 줄 모른다고 한다. 적어도 일할 때는 아프다는 소리를 안 한다. 자식에게 손 안 벌리고 손자들 용돈 줄 생각에 일하는 것이 행복하다는 설명이다. 임정엽 완주군수가 생각하는 농촌의 노인복지는 '돌봐주는' 복지가 아니다.

"복지는 주민을 보살핌의 대상으로 보는 것이 아니라 주체로 세우는 것입니다. 어르신들이 할 수 있는 역할을 맡아서 존중받고 벌이를 할 수 있도록 일자리를 만드는 것이 중요합니다."

평치마을의 두레농장에 나오는 노인 가운데 6명의 노인들은 특히 열심히 일하고 있다. 일하는 것이 즐겁다는 반응이기 때문에 급여도 제일 많이 받아간다.

"빚을 갚기 위해 일을 한다면 짜증나지만 일해서 손자들 용돈을 주는 것이라면 뿌듯해하죠. 그래서 주민들이 다소 일을 못해도 성심성의껏 하면 싫은 소리를 하지 않으려고 합니다."

유희빈 위원장은 두레농장에서 일을 많이 나온 주민에게는 보너스를 지급하려고 한다. 그래야 두레농장이 활성화된다고 생각하기 때문이다. 그렇게 해서 일을 많이 한 주민들은 최대 3백만 원까지 급

두레농장에서 노인들이 재배한 농작물은 로컬푸드 직매장으로 출하된다. 완주군이 꿈꾸는 농촌의
노인복지는 노인을 돌봄의 대상이 아닌 삶의 주체로 세우는 것이다.

여를 받아갈 수 있도록 한다는 계획이다. 올해 목표는 1억 원을 벌어서 6천만 원은 주민들의 인건비, 성과급, 배당이고 나머지 4천만 원은 마을 사업을 위해 적립한다는 구상이다.

현재 완주군에는 10개소의 두레농장이 있다. 2009년부터 해마다 두 곳씩을 조성해오고 있다. 한 곳당 평균 18명의 노인에게 일자리를 제공해서 9천 5백만 원씩 매출을 올렸다. 노인 한 사람이 받아간 월 급여는 47만 원이다.

일단, 농촌체험마을로 지정되면 2억 원이 지원되어 각종 체험, 민박시설을 건립하는데 사용된다. 하지만 여름 한 철을 제외하면 방문객이 뚝 끊겨 전기료 내기도 어려운 형편이다. 그러나 두레농장에 지원되는 2억 원은 생산시설과 운영비에 지원되어 18명의 노인들에게 일자리를 제공한다. 많지는 않지만 용돈벌이도 할 수 있고 로컬푸드로 이어지기 때문에 생산활동도 안정적이다.

마을마다 농촌자원이 있기는 하지만, 노인들이 백지상태에서 사업을 시작한다는 것은 대단히 어려운 일이다. 그래서 자치단체가 일할 수 있는 토대를 만들어놓고 마을에서 직접 운영해 가며 돈을 벌고 경험을 쌓아서 종국에는 자립하는 구조다. 완주군은 5년 동안 운영비를 지원해서 6년부터는 두레농장이 자립하는 것을 목표로 하고 있다.

우리 돈으로 마을기업하겠다!

"지금으로서는 자신 있습니다. 농산물 가격이 불안정하고 내가 부족해서 경영을 잘못할 수도 있지만 땅은 정직하니까요."

올해 67세인 유희빈 위원장은 8년 동안 전북 완주군 비봉농협조합장을 맡았었고 전북도의원을 역임했다. 그는 5년 안에 기반을 다져서 독립하는 데 대한 자신감을 드러냈다. 유희빈 위원장은 5년 안에 3억 원을 모아서 마을기업을 만든다는 목표를 갖고 있다고 말한다. 친환경으로 재배한 농작물로 장류를 만드는 공장을 설립하는 것이다. 제대로만 만들면 일반 농산물보다 5~6배 이상 비싸게 팔 수 있다며 지난해부터 관련 업체들을 벤치마킹하고 있다. 판매와 유통 분야에 경험이 없다는 것이 가장 큰 부담이지만, 학교급식을 뚫을 수 있다면 가능성이 있다고 보고 있다.

유희빈 위원장은 두레농장의 경험이 없었다면 이러한 생각을 하는 것은 꿈도 꾸기 어려웠을 것이라고 말한다. 지금 하고 있는 두레 농장 사업으로 돈을 모으고 이것저것 긁어모아서 우선 땅부터 구입한다는 계획이다.

두레농장 사업을 유치하자고 했을 때만 해도 주민들의 반응은 한마디로 반신반의였다. 우선, 완주군에서 그 사업을 따올 수 있을 것이라고 생각하는 주민들은 적었다. 그리고 사업을 유치해서 농장을 운영해도 그것이 활성화될 것이라고 생각한 주민들 역시 많지 않았다. 하지만 두레농장은 농민들이 가장 자신 있는 농사일을 하는 것이기 때문에 참여율도 좋고 실패할 가능성도 적다는 장점이 있다.

인력 확보와 귀농자 유치를 하려면?

농촌 노인들이 참여하는 두레농장이 풀어야할 근본적인 과제가 있다. 도시 인력을 유치하는 것이다. 완주군의 두레농장은 귀농, 귀촌자를 유치해서 이들의 농촌 적응을 돕고 자연스럽게 농장으로 흡수시

유희빈 위원장. 5년 안에 장류를 만드는 마을기업을 설립할 목표를 가지고 있다.

킨다는 계획을 가지고 있다. 귀농, 귀촌 인력을 농장경영에 참여시켜서 생산성을 높이겠다는 것이다. 이와 같은 구상은 완주군에서 당초 두레농장의 정책 디자인을 할 때 염두에 뒀던 것이다. 하지만 평치마을의 경우에는 귀농자가 한 명 밖에 없다.

"귀농자는 농업을 배우겠다는 마음만 먹으면 이 두레농장에서 얼마든지 배울 수 있습니다. 농업이 사양길이라고 할 때가 전화위복의 계기입니다. 복분자, 상추, 토마토, 수박을 2, 3년 배우면 다른 데서 20년 이상 배운 경험을 할 수 있습니다."

유희빈 위원장이 자신있게 말했다. 하지만 도시민들이 평치마을에 오고 싶어도 막상 빈 집이 없다. 이를 고려해서 완주군의 두레마을 1호인 소양면의 인덕 두레농장에서는 '귀농인의 집'을 운영하고 있다. 일정 기간 입주해서 두레농장에서 일을 배우며 일부 급여도 받는다. 하지만 이러한 귀농인의 집은 여전히 많이 부족한 실정이다.

농장을 이끌어갈 인력이 부족하기 때문에 귀농인을 유치하는 것이 절실하다. 갈수록 노인들이 연로해지면서 가용인력이 줄어들어 생산량을 끌어올리는데 어려움을 겪고 있다. 완주군청 농촌활력과의 유상훈 주무관은 두레농장이 농촌 노인들에게 경제적으로 적지 않은 도움이 되는 것은 사실이지만, 현실은 노인인력의 자연 감소라는 문제에 직면하고 있다고 말한다.

"제일 먼저 생긴 인덕 두레농장에는 처음에는 18명의 노인이 나오셨는데, 지금은 6명밖에 되지 않습니다. 나이 들어서 돌아가시고 힘들어서 일을 못하시는 거죠. 하루에 네다섯 명 정도는 나오셔야 농장 일이 돌아가는데 장기적으로 인력 확보가 가장 큰 문제입니다."

이러한 문제 때문에 완주군에서는 지금까지 마을단위로 조성했던 두레농장을 읍면 단위로 넓힌다는 구상을 갖고 있다. 면 단위로 농장을 조성해서 인력 확보 문제를 해결하겠다는 것이다. 완주군에서는 10곳의 두레농장 간의 네트워크를 활성화해서 공공급식 기획 생산단지로 육성할 계획이다. 학교급식, 단체 급식에 식재료를 납품하는 생산거점으로 활용한다는 것이다. 농민들의 수입이 늘어나려면 두레마을에서 생산되는 농작물이 늘어나야 하고 그만큼 판로도 더 넓어져야 된다. 공공급식은 이런 고민의 대안으로 추진되고 있다.

지난 4월, 평치마을을 방문한 이동필 농림부 장관은 로컬푸드와 연계한 두레농장 모델을 정부 정책으로 채택할 수 있는지를 검토하겠다고 말했다. 두레농장은 단순한 공공근로, 또는 하드웨어 중심의 각종 체험마을 사업과는 확연히 구별된다. 첫째, 농민들의 자립을 전제로 자치단체가 지원을 하는 것이고 둘째, 농민들의 능력에 맞는 농작업에 바탕을 두고 있고 셋째는 두레농장이 지역 내 순환경제와 밀접하게 맞물려 비교적 안정적인 토대 위에서 굴러간다는 것이다. 농경사회의 전통적인 작업공동체였던 두레가 지금 완주군의 두레농장에서 새롭게 피어나고 있다.

지금까지 우리나라 마을기업의 싹이 될만한 사례를 살펴보았다.

이어지는 다음 6부에서는 일본의 마을기업을 집중적으로 조명해보고 정리해보고자 한다.

1. 뚜렷한 마을자원이나 인적 역량이 충분치 않은 마을에서 처음부터 기업의 형태를 구성한다는 것은 대단히 어려운 일이다. 마을 주민들이 스스로 자립역량과 의지를 검증해 볼 수 있는 초보적인 형태의 수익활동은 예비 마을기업의 공간으로써 대단히 효과적이다.

2. 두레농장은 농촌주민들이 평생 동안 해왔던 농작업을 하는 곳이다. 읍내에 있는 공장에 나가거나 특별한 기술을 갖추지 않고도 집 앞에 있는 농장에서 농사를 지으면 되는 것이다. 또한 자치단체에서 판로를 확보해놓고 공급거점으로서 두레농장을 설립했기 때문에 가공 및 유통의 부담이 상대적으로 적어 실패할 위험이 크지 않다.

두레농장
주소 전북 완주군 비봉면 소농리 평치마을
설립 2012년
원천소재 농작업, 노인
경쟁력 농민들의 농업 전문성, 유통구조
연락처 (063)290-2472

이 건물 내부에서 오야끼를 굽고 관광객들을 대상으로 체험 프로그램이 진행된다.

산골 만두공장이
일본의 대표 마을기업?

(주)오가와노쇼 | 나가노현 오가와촌

농사지을 땅이 없어서 매우 가난했던 일본의 산골마을이 있었다. 마을기업이라는 개념조차 없었던 1980년대, 가난에서 벗어나기 위한 몸부림으로 초등학교 동창생들이 합심하여 기업을 만들었다. 이들은 투박한 향토음식을 상품으로 개발해 일본을 대표하는 마을기업으로 성장했다. 그들의 창업 스토리와 경영전략은 일본 마을기업의 전설로 통한다.

나가노현長野県은 일본의 지붕이라 불리는 고원지대다. 그중에서도 오가와촌小川村은 인구가 3천 명이 조금 넘는 작은 산골 마을이다. 이곳은 나가노시에서 버스로 한 시간 거리에 있다. 버스에서 내려 차 한 대가 겨우 다닐 수 있는 산길을 20분 정도 올라가자, '오가와노쇼 小川の庄'라는 간판이 눈에 들어왔다.

필자의 눈길을 끈 것은 독특한 모습의 가공 건물이었다. 죠몽繩 文시대의 주거형태인 '타테아나竪穴' 식으로 지어져 외부에서 보면 유목민들의 이동식 움막을 떠올리게 한다. 가공시설의 실내는 어두웠

다. 조명이라고 해야 램프같은 수동식 조명시설을 벽에 걸어놓은 게 전부였다. 천장은 7, 8미터였고, 방 한 가운데는 땅을 파고 나무를 때서 취사난방용 불을 피우는 이로리いろり가 있었다. 공장이라기보다 가공시설이라는 말이 더 어울리는 공간이었다. 이로리를 둘러싸고 할머니들이 앉아서 밀가루 반죽으로 '오야끼おやき'를 빚어 철판 위에 구워내고 있었다. 오야끼는 우리의 호빵 정도 크기다.

'오가와노쇼'는 나가노현의 토속음식인 '오야끼'를 중심으로 식품가공, 판매, 식당을 하는 마을기업이다. 종업원은 90명. 마을기업의 개념조차 희미했던 80년대, 이 산촌마을의 마을기업이 가장 앞선 창업모델과 감동적인 스토리로 일본을 대표하는 마을기업으로 인정받고 있는 곳이다.

쌀 없어서 밥 대신 먹었던 '오야끼'

1950년대, 일본의 농촌은 가난했다. 오가와촌小川村도 예외가 아니었다. 산간지역이기 때문에 농업구조는 대단히 취약했다. 밭이라고 해야 급경사지에 있는 게 고작이었다. 농사보다는 양잠이 번성했다. 오야끼는 이런 환경에서 태어났다. 만두처럼 밀가루 반죽으로 피를 만들고 그 안에 양념을 한 가지와 버섯, 야채를 집어넣어 불에 구워내는 음식이다. 본디 이것은 쌀이 부족해서 밥 대신 아이들이 학교 갈 때 신문지에 싸서 들려 보낸 점심 대용식이었다. 오야끼는 가난의 대명사였다.

이 오야끼를 먹고 자란 오가와小川 소학교의 7명의 동창생들이 있었다. 1,2년 선후배, 또는 동기들이다. 필자를 맞이해준 이토 무네

오야끼, 밀가루 반죽에 양념을 한 나물 또는 팥 앙금을 집어넣어 장작불에 구워낸다.

요시伊藤宗義 총무부장도 그중 한 명이다. 현재 곤다 마쓰오権田辰夫 대표이사가 투병중이어서 이토 무네요시伊藤宗義 총무부장이 사실상 대표이사 역할을 대행하고 있었다. 이들의 창업 스토리는 회사를 설립하기 30년 전으로 거슬러 올라간다.

이들이 청소년기를 보낸 전후戰後 1950년대는 일본인들에게 가장 암울한 시기였다. 패전후의 삶은 팍팍했고 미래는 어두웠다. 7명의 친구들은 농사지을만한 변변한 땅 한 뙈기 없는 산골짜기의 가난에 찌든 삶이 싫었다. 어떻게 하면 빈곤에서 탈출할 수 있을까를 고민했다. 당시에는 특별한 기술이 없었고 이들이 알고 있는 것은 농사밖에는 없었다. 그렇기 때문에 자연스럽게 농산물 가공에 관심이 모아졌다. 원물로 팔면 50엔 밖에 받지 못하지만, 가공을 하면 300엔을 받을 수 있는 농산물 가공은 산촌마을의 젊은이들에게 대단히 매력적이었다. 올해 76세인 이토 무네요시 총무부장은 48세 때 오가와노쇼 창업에 참여해서 꿈을 이뤘다.

"평생 고생하신 부모님을 즐겁게 해드리고 싶었습니다. 또한 궁핍한 생활에서 벗어나기 위해서 무엇을 하면 좋을까를 20대 청년시절부터 열심히 논의했습니다. 그것이 오가와노쇼 창업의 계기가 됐습니다."라고 털어놓았다.

이들이 마을기업을 창업해야겠다고 마음먹게 된 데는 당시 상황과도 밀접한 관련이 있다. 한가하기만 했던 산촌에 변화의 바람이 불어왔다. 일본이 전후 복구를 통해서 빠르게 고도성장에 들어가면서 생활수준이 향상되었고 그러면서 수입 농산물이 늘어나 지역 경제를 지탱해줬던 양잠의 고치 가격은 곤두박질쳤다. 농가경제는 직격탄을 맞았다. 산촌의 생계기반이 사라지자, 젊은이들은 직장을 찾아 도시

오가와노쇼의 초창기 구성원들. 20대 때 품었던 창업의 꿈을 30년 만에 이뤘다.
그들은 '가난에서 탈피하겠다'는 분명한 목표를 가지고 있었다.

로 빠져나갔다. 당시, 농촌경제를 살리기 위해 자치단체에서는 공장
과 기업을 유치하는데 힘을 쏟았지만 지역민들에게 돌아온 것은 많
지 않았다. 이토 총무부장은 당시를 이렇게 회상한다.

　　"10여 명 정도의 작은 공장조차 해외로 빠져나가기 시작했습니
다. 자치단체에서 공장을 유치해도 계속 빠져나가기만 했습니다."

　　오가와촌의 위기였다. 공장을 유치해도 지역의 기반이 없기 때
문에 외부환경이 변하면 언제라도 공장을 옮기거나 문을 닫을 수 있
다는 것을 깨닫게 된 것이다.

초등 동창생 7명, 30년 묵은 꿈을 이루다

그래서 7명의 젊은이들이 생각한 것은 주민들이 마을에서 운영하는
기업을 만들어보자는 것이었다. 하지만 시골 젊은이들이 회사를 설

립한다는 것은 누가 봐도 여러 가지로 어려운 일이었다. 마을 주민들도 회사를 만들자고 했을 때, 이곳처럼 작은 마을에서 과연 회사를 운영할 수 있겠냐며 걱정을 앞세웠다.

그렇게 꿈이 현실이 되는 데는 오랜 시간이 걸렸다. 의욕 말고는 손에 쥔 게 없는 7명의 젊은이들은 관공서, 우체국, 회사 등으로 각자의 길을 갔다. 그래도 저마다 직장에서 얻은 경험을 가지고 고향으로 돌아와 언젠가는 농산물 가공회사를 설립하겠다는 꿈만은 포기하지 않았다. 정기적으로 만나서 회사 설립방안을 논의했다. 본인들이 하고 있는 일이 나중에 창업할 농산물 가공회사에 어떻게 도움이 될지를 생각하며 미래를 준비했다. 30년이라는 시간동안 꿈을 잊지 않고 간직할 수 있었던 힘은 무엇이었을까? 직접 만나서 듣기 전에는 쉽게 믿을 수 없는 이야기였다.

"특별히 오락거리도 없을 때였기 때문에 자연스럽게 주말이면

오야끼 생산 장면. 만두를 빚는 모습과 유사하다.

술집에 모여 미래의 창업이야기를 했습니다. 당장 뭐가 이뤄지는 것은 아니지만 꿈과 이상을 좇아온 시간을 소중히 간직하고 싶었습니다. 살아서 좋았다는 생각을 갖는 날이 오기를 기다렸죠."

이토 총무부장은 담담하게 설명한다. 시골마을 소학교의 동창생들이 가난을 벗어던지고자 애쓴 절박함이 이들의 꿈을 실현케 한 밑바탕이 된 것이다.

오가와노쇼를 설립하기까지는 지도자 곤다 이치로權田市郎씨의 역할이 컸다. 곤다 이치로씨는 고교 졸업 후 미국으로 건너가 3년 동안 농업연수에 참여했다. 거기서 농산물 가격을 농민들이 스스로 결정해서 시장을 좌우할 수 있는 농업경영에 자극을 받았다. 귀국 후에는 관공서에 취직했지만 얼마되지 않아서 그만뒀다. 농산물 가공회사를 설립하려면 특별한 기술이 필요하다고 생각해서 쓰께모노漬物, 절임류 회사에 취직해서 가공기술, 판매방법을 배우고 대표이사 자리까지 올라갔다.

그리고 마침내 1986년, 이들은 오가와촌과 농협에 사업계획을 제출해서 마을기업, '오가와노쇼' 설립을 위한 협력을 요청했다. 곤다 이치로 씨를 시작으로 해서 당시 우편국 간부직원, 나가노현청 간부 공무원, 건설회사에서 일하던 친구 등 40대 후반에서 50대 초반의 7명이 사표를 내고 오가와노쇼에 합류했다. 자본금은 500만엔으로 출발했다. 곤다 이치로씨가 근무했던 쓰께모노 회사가 50퍼센트를 대고 7명의 주민이 35퍼센트를 출자했다. 농협도 15퍼센트를 출자했다. 당시 농촌지역에서는 보기 드문 이른바 제3섹터sector 방식이었다. 정부자금에 기대면 생각과 방향이 제약되기 때문에 정부에는 측면지원만을 요청하기로 했다.

"정부 보조금에 기대면 곧바로 경영난에 빠질 수 있습니다. 보조금에 의존해서 창업해 성공한 사례는 일본에서도 거의 없습니다. 가능한 보조금은 받지 않는 것이 좋습니다."

이토 총무부장은 힘주어 말한다. 회사가 안정기에 접어들 때까지 처음 3년간은 쓰게모노회사의 하청을 맡았다. 덜컥 신상품을 내놓았다가 판로가 막히면 그대로 주저앉을 수 있었기 때문이었다. 50대의 창업자들은 신중했다.

신중에 신중을 거듭한 끝에 이들이 첫 상품으로 관심을 쏟은 것은 가난의 대명사였던 오야끼였다. 근대화가 진행되면서 1970년대 들어 오가와촌에서도 오야끼는 자취를 감추게 되었다. 오야끼를 구워먹던 이로리도 찾아볼 수가 없게 되었다. 삶이 풍요로워지면서 오야끼는 도시 사람들에게 향수의 대상이 됐다. '도시 사람이 위안을 받는 것, 도시에는 없는 것'이 상품개발의 콘셉트가 되었다. '이제부터는 농촌으로 눈길을 돌리는 시대가 온다. 우선 먹을 것을 찾게 되지 않을까? 대대로 이어져온 오가와촌의 음식을 발굴하자!'고 한 것이었다. 그 지역에서만 먹을 수 있는 향토 음식을 만들기 위해 머리를 맞댄 결과가 바로 오야끼였다. 오야끼라면 오가와촌에 사는 노인들이 있기 때문에 품질과 노동력 확보에는 문제가 없을 것이라는 판단도 있었다.

결과는 대성공이었다. 오야끼는 불티나게 팔려나갔다. 오야끼를 홍보하기 위해 1989년부터는 미국에서 열리는 일본 엑스포Japan Expo에 꾸준히 참가했다. 산촌마을의 오야끼는 전국적으로 알려지게 되었다. 주민들은 3년 만에 나머지 지분을 모두 인수했다. 나중에 정부에서 지원해준 공장건립비도 5년 만에 모두 갚았다. 현재 오가와노쇼의 연매출은 8억 엔이 넘는다.

전국적인 모델, 벤치마킹 줄이어

필자가 오가와노쇼를 방문한 날, 때마침 오야끼를 만드는 체험을 하기 위해 단체 관광객들이 들이닥쳤다. 시즈오까静岡에서 왔다는 관광객 사토 하루미씨는 '어젯밤에 먹어봤는데 정말 맛있었다'며 재미있다는 표정을 감추지 못했다. 이것은 직접 빚은 오야끼를 구워서 먹어보는 체험 프로그램이다.

　　이 오야끼를 만들어보고 맛을 보기 위해 한 해 동안 8만 명이 넘는 관광객이 이 작은 마을을 다녀가고 있다. 관광객들은 오야끼 체험을 한 뒤, 본인들이 빚은 오야끼로 점심을 먹고 나서 오가와노쇼 관계자에게서 이 회사 창업에 대한 이야기를 듣는 시간을 가진다. 얼추세 시간짜리 관광 상품이 되는 것이다. 전국적으로 이름이 나면서 마

오가와노쇼는 이들의 성공 스토리를 배우기 위해 전국에서 몰려온 주민, 공무원, 농민단체 등으로 붐빈다.

을기업의 성공스토리를 벤치마킹하려는 행렬이 줄을 잇고 있다.

이 성공은 아주 작은 장소에서부터 시작됐다. 오야끼를 만들기 위한 최초의 시설은 새끼 누에를 키우는 공동사육소였다. 당시 놀리던 시설을 월 20만엔에 농협에서 빌렸다. 또한 기구는 쓰께모노회사에서 빌렸다. 사업초기엔 어떻게든 현금을 아껴서 작게 시작하려고 애썼다. 또, 오야끼 가공시설은 곤다 이치로씨의 생가를 이용했다. 당초는 그 절반을 빌려, 나머지 절반에는 곤다 이치로씨의 어머니가 살았다. 하지만 서서히 손님이 증가하면서 자택 전부를 빌려서 리모델링했고 현재에 이르게 되었다.

노인 일자리 사업의 원조

오가와노쇼의 정문 앞에는 이 마을기업의 철학을 보여주는 비석이 세워져 있다. 여기에는 '둥근 오야끼처럼 우리 마음도 둥글게'라는 글씨가 새겨 있다. 이를 통해 이들이 추구하는 것이 단순한 수익만이 아니라는 점을 알 수 있었다. 이를 구체적으로 보여주는 것이 바로 이곳의 근로자들이다.

오가와노쇼의 특징은 고령자를 고용한다는 것이다. 설립 당시 젊은이들은 도시로 빠져나갔지만, 마을에는 건강한 노인들이 많았다. 60세 전후의 건강한 할머니들이 입사해서 오야끼를 만들고 있다. 당초 정년은 78세였지만, 5년 후에 정년을 폐지해서 지금은 정년이 없다. 22명의 근로자가 20년 넘게 이 회사에서 근무하고 있다. 모두 정규직이다.

회사측에서는 마을 노인들을 근로자로 채용하기 위해 작업조건을 노인들에게 맞췄다. '노인 맞춤형 작업시스템'에 따라 작업여건을 구상한 것이다. 대표적인 것이 작업장의 위치다. 오가와노쇼는 공방 네 곳을 할머니들이 걸어서 출퇴근할 수 있는 곳에 만들었다. 이들이 통근하기 편리하게 이른바 '집락일품集落一品: 마을마다 가공시설을 만들어 제품을 생산'형 가공시설을 만든 것이다. 일을 하다가도 비가 올 것 같으면 걸어놓은 이불을 걷으러 갈 수 있는 거리에 공장을 만든다는 구상이었다.

당시 오가와촌의 많은 여성들이 나가노시에 일자리를 얻어 출퇴근했지만, 야근 등으로 가정생활에 지장이 컸다. 때문에 오가와촌에서 일하고 싶다는 바람을 가지고 있는 여성들이 많았다. 이와 같은 노력으로, 오가와노쇼는 2007년에 일본 후생성厚生省의 고령자 고용 개발 콘테스트에서 특별상을 받기도 했다. 농촌에 일자리가 생겼다고 해서 그 일자리가 먼 곳에 있게 되면 일자리 때문에 농촌을 떠나게 되고 인구는 계속 줄어들 수밖에 없다. 그렇게 해서는 농촌공동체를 살릴 수가 없다는 현실 인식이 바탕에 깔려있는 것이다. 마을의 노인들은 어렸을 때부터 만들어먹던 음식이라 크게 힘들지도 않고 또 일을 해서 손자들 용돈도 줄 수 있게 됐다며 만족해하는 표정이었다.

"전에 다니던 직장이 문을 닫아서 어려움이 있었는데, 오가와노쇼의 사장이 함께 일해보지 않겠냐고 해서 여기서 일하게 됐습니다."

이곳에서 근무한지 22년 된 마쓰모토 후지꼬 할머니는 오가와노쇼에서 제2의 직장생활을 하게 된 배경을 털어놓았다. 그 옆에 있던 오쓰까 쓰꾸미씨는 '손님들이 오야끼를 만들어 먹으면서 즐거워하는 것을 보면 보람이 있습니다.'라고 말하며 웃음지었다.

원재료는 지역 농가에서 조달하는 것을 기본으로 한다. 지금은

오가와노쇼는 고령자 고용 모델로 전국적인 주목을 받고 있다.

오가와촌에서 구입하는 것만으로는 부족할 정도로 오야끼가 팔리고 있기 때문에 농협 관내의 생산자들에게서도 조달받고 있다. 차가 없는 노인들에게는 오가와노쇼에서 직접 농가까지 가서 농산물을 가져오고 있다. 농가에서 남은 소량의 야채를 직접 사오는 경우도 있고 중간 상인들이 외면한 구부러진 오이와 두 갈래로 갈라진 무까지 매입한다.

소농을 위한 배려지만, 이것이 결국 마을 공동체를 살린다고 믿기 때문이다. 소농들이 재배하는 농작물을 매입하지 않으면 농가에서는 영농을 포기하게 되고 그러면 휴경논이 늘어나 농촌공동체가 붕괴될 수 있다는 판단이다. 때문에 모양이 좋지 않아도 가정에서 먹을 수 있을 만큼 안전하고 신선하다면 얼마든지 출하해달라고 농가들에게 당부하고 있다. 오가와촌의 7백여 개의 농가 가운데 380호의 농가가 어떤 형태로든 오가와노쇼에 농산물을 출하하고 있다.

소비자와 생산자 얼굴 아는 판로 만들어

마을기업 오가와노쇼에서 또 하나 눈여겨볼 부분은 유통이다. 회사를 설립했던 주역들은, 판매방법과 판매처 등을 설립 3년 전부터 구체적으로 준비해왔다. 일 년 내내 땀 흘려 작물을 재배해도 스스로 가격을 결정할 수 없는 현실을 7명의 창업자들은 일찍이 지켜봐왔다. 자신들이 부가가치를 붙여서 판매할 수 있는 구조를 만들지 않으면 평생 다른 사람에게 맡기는 농업으로 끝나고 만다고 생각했다. 그래서 자신들의 손으로 판매하기로 한 것이다.

'오야끼 주민등록제'도 그런 노력의 일환이다. 소비자가 주민등

이토 무네요시 총무부장.
오가와노쇼의 창업멤버로서 현재는
투병중인 대표이사의 역할을
대행하고 있다.

록 신청을 하면 이름이 주민대장에 등록되고 오야끼를 싸게 살 수 있는 '주민표'가 우송된다. 이는 소비자와 직거래를 하겠다는 마케팅 전략이다. 또한 오야끼를 누가 만들었는지 생산자의 얼굴을 소비자들에게 알려야 생산자가 힘을 가질 수 있다는 판단이다.

"만든 상품을 중간상에게 넘기면 우리가 원하는 가격을 받을 수가 없습니다. 소비자가 생산자의 얼굴을 알 수 있는 판로를 만들어야 됩니다."

이토 무네요시 총무부장의 설명이다. 오가와노쇼는 2000년부터 2년 동안 백화점에도 오야끼를 출점했다. 하지만 백화점의 경영재편에 의해서 2년 만에 철수하게 되었다. 이 때문에 자체 점포에서 직접 소비자와 얼굴을 맞대며 판매하는데 중점을 두고 있다. 부문별로는 오야끼와 쓰께모노 등의 판매가 65퍼센트, 식당 부분이 35퍼센트이며 최근에는 통신판매가 늘고 있다.

마을기업, 오가와노쇼는 마을기업의 사업기획, 원재료 조달과 가공 및 판매, 공동체와의 연계, 지속 가능성 등에서 교과서에 실려도 될 만큼 알토란같은 성과를 보여줬다. 가난의 대명사 오야끼를 국민간식으로 탈바꿈시킨 것은 지역 문화에 대한 주체적인 재해석의 소산이자, 오가와노쇼 7인의 땀과 눈물의 결정체였다.

1. 오가와노쇼의 설립목적은 지역주민의 고용 창출에 의한 지역 공동체 유지다. 가장 관심을 끄는 것은 당시 20대였던 젊은이들이 30년이나 노력한 끝에 마을기업을 설립했다는 점이다. 지역사회에 대한 이런 애착과 간절함이 마을기업 성공의 가장 단단한 바탕이 됐다.

2. 마을기업의 창업이 내발적 발전전략에 따라 이뤄졌다. 외부기업의 하청형태가 아니라 100퍼센트 마을의 자급에 의해서 마을기업이 운영된다는 것이다. 오야끼라는 로컬 콘텐츠를 상품화시키고 원재료, 노동력을 모두 지역주민들이 조달한다. 생산, 가공, 판매까지 지역에서 이뤄져 그 부가가치가 고스란히 지역에 떨어지게 된다.

3. 소농과 손을 잡는 것은 마을 공동체를 살리고 마을기업을 살리는 것이다. 오가와노쇼는 마을의 소농들에게서 원재료인 농산물을 구매하고 있다. 소농이 농사를 포기하면 농경지가 황폐화되고 결국에는 마을 공동체의 붕괴로 이어질 수 있다고 본 것이다. 이것은 소농을 살리는 것이 마을기업을 살리는 길임을 증명하고 있다.

4. 노인고용의 선도적인 모델을 만들어 일석이조를 이뤘다. 고령화되고 있는 일본에서 오가와노쇼의 노인고용은 마을기업의 새로운 모델로 평가받고 있다. 고령자가 출퇴근하기 편한 곳에 작업공간을 만들고 60세가 넘어도 본인이 원하면 계속 일할 수 있도록 했다. 이런 노력은 마을 공동체를 탄탄히 살찌우면서 고령자의 노동력을 높은 생산성으로 이어지게 했다.

(주)오가와노쇼
주소   나가노현 오가와무라 타카후 2876번지
설립   1986년
원천소재   향토음식 '오야끼'
경쟁력   고령자와 노동력
홈페이지   www.ogawanosho.com

잼으로 태어난
'무'의 사랑이야기

유키타로노 사토 | 니이가타현 죠우에쓰시

우리나라에서는 신체를 표현할 때 '무'를 사용하면 보통 통통하고 못생긴 다리를 일컫는다. 일본의 무에도 그런 의미가 있다. 하지만 니이가타의 산골에서 생산된 무는 홀쭉하게 잘 빠져서 다리가 무와 같다고 말하면 칭찬처럼 들릴 정도로 보기 좋다. 그래서일까? 이 고장 무의 변신은 제법 화려하다. 무잼도 모자라 무의 사랑이야기까지 있다고 하니 말이다.

일본 최초의 노벨문학상을 안겨준 가와바타 야쓰나리川端康成의 《설국雪國》. 니이가타현新潟県 죠우에쓰시上越市는 설국의 무대 유자와湯沢에서 차로 한 시간 거리에 있다. 설국에서 알 수 있듯이 이곳은 고지대로 눈이 많은 곳이다. 필자는 과연 무로 만든 잼은 어떤 맛일까? 또한 무에 얽힌 사랑이야기는 무엇이고, 과연 이 마을 사람들은 어떤 생각에서 무잼을 만들었을지 굉장히 궁금했다.

'유키타로노 사토雪太郎の郷'의 대표이사인 64세 사토 겐이치佐藤健一씨는 이 마을에서 무를 상업화시킨 주역이다. 농촌민박을 운영하

고 있는 사토 겐이치 대표의 집에는 그동안 마을기업의 활약상을 보여주는 사진이 빼곡하게 걸려있었다. 필자를 이곳저곳으로 안내해주던 정열적인 모습은 과연 20대를 능가하는 듯했고, 매우 민첩하기까지 했다.

사토 대표의 설명은 지난 1988년부터 시작되었다. 당시, 이 우쓰노마타 마을에서는 14농가가 생산조합을 설립했다. 고령화가 진행된 산골마을에는 놀리는 논이 늘어만 갔다. 조합에서는 고령농가나 외지에 사는 땅 주인들의 농지를 관리하거나 농작업을 위탁받아 대행해주며 활동 기반을 넓혀갔다.

산골의 민화, 무의 브랜드가 되다

당시 이러한 조합활동은 상당히 앞선 것이었다. 하지만 쌀값은 계속 떨어졌다. 농업소득도 갈수록 떨어져서 마을은 쇠퇴해갔다. 주민들에게는 소득을 올리고 마을을 활성화시키는데 돌파구가 필요했다. 그래서 마을의 특산품 만들기를 연구하다 고랭지라는 특성에 집중하게 되었다. 아주 자연스런 방식으로 무에 눈을 돌리게 된 것이다. 그때까지 농가에서는 무를 자가소비용으로만 생산해왔다. 때문에 이것은 새로운 모험이자, 도전이 되었다.

죠우에쓰시 우쓰노마타는 오후 4시 30분이면 시내로 나가는 버스가 끊기는 산골마을이다. 주민들은 소를 키워 퇴비까지 만들어서 무 재배에 공을 들였다. 이렇게 생산된 무는 줄기가 적으며 아주 흰 빛깔을 띠고 매우 싱싱하다. 밤낮으로 큰 폭의 기온차가 있는 600미터의 고랭지에서 생산되어 떫은 맛이 적은 게 특징이다. 또한 수분이

고랭지에서 생산된 무는 생산량이 적고
운송비가 많이 든다. 때문에 원물로
판매해서는 평지에서 생산된 무와 경쟁이 되지
않았다. 이러한 배경에서 무쨈이 탄생했다.

많아서 목에도 좋고, 날로 먹어
도 맛이 좋다.

　나름대로 맛이 괜찮다고 생
각해왔던 주민들은 무를 한 번
제대로 생산해보자는 마음을 먹
게 됐다. 그때까지만 해도 마을
주민들은 그냥 맛좋은 무라고만
생각해왔지만, 무에 관심을 갖게
되면서부터 적극적으로 나서게
됐다. 그 첫걸음은 무에 이름을
붙이는 것이었다. 그러면서 마을
에 전해 내려오는 민화를 떠올리
게 되었다.

　"옛날 옛날에, 눈이 많이 내리는 우쓰노마타에는 온화한 성품으
로 주위의 존중을 받는 장자長子가 살고 있었다. 하지만 이 장자에게
는 자식이 없었다. 눈이 내리던 어느 날, 한 어린 아이가 장자를 찾아
왔다. 이름은 '유키타로雪太郎'라고 하는데 장자는 친자식처럼 예뻐했
다. 이윽고 봄이 와서 나무에 초록색 물이 들 무렵, 유키타로는 자취
를 감추고 말았다. 그때부터 해마다 겨울이면 유키타로는 장자가 사
는 곳으로 돌아오게 되었다는 이야기다."

　1993년 대표이사 사토 겐이치씨의 제안으로 이 민화의 주인공
인 아이의 이름 유키타로를 따서 마을에서 재배한 무의 브랜드를 '유
키타로 다이콘雪太郎大根'으로 결정했다. 무는 일본어로 '다이콘大根'이라고
한다. 유키타로의 캐릭터를 만들어서 상표등록을 하고, 무를 재료로

한 음식의 요리책도 만들었다. 2006년 4월에는 마을의 14가구에서 농사조합법인 '유키타로노 사토'를 설립했다. 평균연령 63세의 농민들은 강한 열의를 보였다.

당시, 이 마을에서는 연간 7만 개에서 8만 개의 무가 생산됐다. 무 한 개가 이 지역에서는 100엔에 팔렸다. 하지만 무를 원물로 파는 데는 한계가 있었다. 우선, 이 마을은 산간지역이라 경지사정이 좋지 않았다. 때문에 재배면적이 넓지 않아 생산비가 많이 들 수밖에 없었다. 평야에서 재배한 무보다 생산비가 많이 들기 때문에 1차 농산물로 팔아서는 별 수익이 나지도 않았고, 수익이 개선될 가능성도 없었다.

그래서 주민들은 무를 활용한 음식개발을 추진했다. 인근의 폐교가 된 학교 건물을 빌려서 가공 공간으로 활용했다. 여기서는 주로 다꽝과 무말랭이 등을 생산했다. 하지만 주민들은 이 마을만의 독특한 상품을 개발하고 싶다는 욕심이 있었다. 회의에서는 다양한 아이디어가 쏟아져 나왔다. 혹자는 사탕을 만들어보면 어떻겠냐는 의견을 내놓기도 했다. 그러다 잼을 만들어보자는 의견이 나왔다. 당시, 일본 어디에서도 무잼을 만드는 곳이 없었다. 아이디어가 워낙 생소하기는 했지만, 주민들 사이에서는 의외로 해볼만하다는데 의견이 모아졌다. 그렇게 1997년부터 무잼을 만드는 대장정이 시작되었다.

무잼 만들기, 3년의 도전

분명 쉽지 않으리라 생각하고 덤볐지만, 실제는 그 이상이었다. 농사만 지어왔던 주민들로서는 만만치 않은 일이었다. 무잼 개발의 1차 관건은 무 특유의 향을 없애는 것이었다. 무가 기관지에 좋은 것은

폐교가 된 학교 건물을 활용해서
무의 가공시설로 활용하고 있다.

사실이지만, 향이 강한 약점이 있었다.

갖가지 식재료와 결합해봤지만, 무의 향을 쉽사리 잡을 수 없었다. 궁여지책으로 알콜을 넣었더니, 향이 완전히 사라지지는 않았지만 분명 효과가 있었다. 이로써 알콜에서 답을 찾을 수 있겠다는 판단이 들자, 각종 술과 결합시켜 보았다. 그러다가 이곳 근처 마을에서 생산된 와인을 첨가하자, 놀랍게도 무의 강한 향이 감쪽같이 사라졌다.

두 번째 관건은 끈기였다. 포도 같은 과일은 바싹 졸이면 잼 특유의 걸쭉함끈기 또는 끈끈함이 생긴다. 하지만 무는 95퍼센트가 수분으로 되어 있어 그런 성질이 없다는 것이 문제였다. 걸쭉함이 없으면 잼을 만들 수가 없다. 이로 인해 수많은 시행착오를 겪었다. 고민을 거듭하다 니이가타현 농업대학에 자문을 받아서 실마리를 찾게됐다. 잘게 썬 무를 삶은 다음, 정제 설탕을 넣고 푹 끓여보니 걸쭉함

무를 원료로 만든 무잼. 주민들은 지역에 전해 내려오는 민화 속 주인공의 이름을 따서 '유키타로의 첫사랑 이야기'라는 브랜드를 만들었다.

2006년 일본 농림성이 주관하는 '일어서는 농산어촌'에 선정되어 당시 아베 수상과 함께 찍은 기념사진

이 생긴 것이다. 그렇게 3년 동안의 무잼 만들기 대장정은 마무리되었다.

"이 3년 동안의 시간을 묵묵히 참아낼 수 있었던 것은 마을기업의 구성원들이 단결했기 때문에 가능했습니다. 이렇게 흐트러지지 않고 힘을 모을 수 있었던 것이 우리 마을기업이 성공할 수 있었던 원동력이 되었습니다."

사토 겐이치 대표는 생산조합 때부터 마을 주민들을 이끌어오고 있다. 그는 주민간의 단합을 이 마을기업의 가장 큰 장점으로 꼽고 있다. 무잼의 브랜드는 유키타로를 활용해 '유키타로의 첫사랑 이야기初戀物語'로 지었다. 2001년부터는 본격적인 판매에 들어갔다. 무잼은 무의 단맛이 있어서 빵과 크래커에 발라 먹으면 맛있다. 어렴풋하게나마 무의 향기도 났다. 소비자들의 반응은 '독특하다'는 것이었다.

2006년 당시 아베 신조安倍晋三 수상은 우수마을기업을 관저에 초청한 자리에서 무잼을 먹어보고는 '처음 먹어봤는데 발상이 훌륭하다. 무에 대해서 천착한 것이 성공을 거뒀다' 는 소감을 밝혔다. 당시 니이가타현에서는 유키타로노 사토의 이 에피소드가 큰 화제가 되기도 했다. 사토 겐이치 대표이사는 수상관저에서 이에 대한 사례 발표를 했다. 무잼은 농협에 납품하기도 하고 호텔에 직접 판매하고 있다. 제품에는 '유키타로의 전설雪太郎傳說'이라는 설명서가 들어 있다.

무로 잼을 만드는 것 못지않게 기발한 아이디어는 또 있었다. 무를 얇게 썰어서 만두피로 사용하는 것이었다. 이것은 여성 근로자들로부터 나온 발명품이다. 먼저 무를 얇게 썬 다음, 소금물에 넣어서 부드럽게 만든다. 이 무 만두피의 브랜드도 역시 민화를 이용해 '유키타로 다이콘 교자'로 정했다. 다이콘 교자에는 신선한 무 본래의 맛이 살아있다.

무 가공식품 가운데 가장 매출이 많은 것은 무말랭이로 학교급식에도 납품되고 있다. 2006년에는 대형박피기를 사용해서 오뎅용으로 무를 잘라 시내 호텔과 식당에도 출하하고 있다. 현재 무 가공식품의 매출은 천만 엔 정도다. 가공식품과 원물의 판매비율은 각각 50퍼센트에 이른다.

여성 근로자를 위한 시급제 도입

농사조합법인 유키타로노 사토는 지역의 농업분야에서 처음으로 시급제를 도입해서 호평을 받았다. 농가의 주부들은 모두 농사일과 가사를 병행해야 했기 때문에 하루 종일 마을기업에서 일하기가 어려웠다. 때문에 짧은 시간밖에 참여할 수 없는 여성과 노인들이 편하게 일할 수 있는 근무방식으로 시급제를 채택한 것이다.

무잼을 만드는 농촌 여성들. 유키타로노 사토는 농촌 여성들을 위해 시급제 근로시스템을 도입했다.

이것은 본인이 가장 편한 시간을 할애해 하루에 네 시간 정도 일을 하는 방식이었다. 노인 역시 남는 시간을 활용했다. 주력상품인 무잼 생산은 여성의 노동력이 차지하는 비중이 크기 때문에 농가여성들의 수입 증대에 큰 힘이 되고 있다. 현재 전체 조합원 20명 가운데 11명이 여성이다. 실제로 무 재배는 주로 여성들이 맡고 기계 작업은 남성들이 하고 있다.

마을기업 유키타로노 사토는 1997년 니이가타현의 '일촌 일가치一村一價値 만들기 사업'에서 대상을 받았다. 2002년에는 '풍성한 마을 만들기 전국 표창'에서 농림수산대신상을 받았고 2005년에는 '니이가타현 농촌진흥 어메니티 콩쿨'에서 우수상을 받았다. 2008년에는 지역 활동 실적이 있는 단체에게 주는 제27회 니이가타현 자치활동상새로운 니이가타의 내일을 창조하는 운동협회 주최을 수상했다.

이들의 공적은 마을 활성화의 열쇠를 쥔 여성들에게 일자리를 제공했다는 점이다. 부모님을 돌보고 저마다 농사를 짓느라 시간 내기 어려운 여성들의 노동력을 적절하게 활용했다는 것이 좋은 평가를 받은 것이다. 더군다나 척박한 산간지역에서 주부 일자리를 창출했다는 점에서 평가의 의미는 더욱 컸다. 또한 60세가 넘는 마을 주민들이 무라는 한 가지 품목에 천착해서 농산물의 부가가치를 개발한 점에서도 높은 점수를 받았다.

마음대로 무 먹기 축제

잇페고토いっぺごと는 일본말로 '마음껏 먹는다'는 뜻이다. 한여름에 씨를 뿌리고 손수 돌봐서 키운 유키타로 다이콘을 원료삼아 다양한 음식을 만들어 홍보하는 축제가 '잇페고토 마쓰리'다. 지역특산품인 유키타로 다이콘을 널리 알리고 무의 수확을 축하하기 위해 시작한 지 올해로 16회째를 맞는다.

축제 때는 무로 만든 음식 마음대로 먹기, 무의 무게 맞추기 퀴즈, 무 3개로 주는 선물 등의 행사가 펼쳐진다. '잇페고토 마쓰리'에서는 어른은 1,500엔, 어린이는 1,000엔을 내면 유키타로 다이콘이 들어간 10가지 요리를 마음껏 먹을 수 있고 지역에 있는 온천도 즐길 수 있다.

무를 활용한 다양한 체험 프로그램도 인기를 얻고 있다. 초등학생들이 밭에서 무를 직접 뽑아보고, 무 교자를 함께 만들어 먹어보는 체험이다. 파종부터 솎아내기, 수확작업까지 8월부터 11월까지 농작업 체험 프로그램이 운영된다. 주민들이 직접 운영하는 농가민박까지 연결해서 도시민들을 유치하고 있다.

'잇페고토 마쓰리'는 무를 원료로 한 음식을 마음껏 먹고 즐기는 축제이다. 이 행사는 무 제품의 홍보 및 판로 개척에도 큰 역할을 맡고 있다.

필자와 함께한 사토 겐이치 대표이사

"아직까지는 무잼의 매출이 많지는 않지만, 적극적으로 마케팅을 해서 니이가타의 무와 무잼을 전국적인 특산품으로 발전시켜 나가고 싶습니다."

사토 겐이치 대표의 포부다. 유키타로노 사토 마을기업은 축제와 이벤트 개최 등을 통해 무 가공식품을 홍보하는데 힘을 쏟고 있다. 니이가타현뿐만 아니라, 도쿄 등의 대도시에서 열리는 이벤트에도 적극적으로 참가하고 있다.

유키타로노 사토가 확실하게 두각을 나타내는 마을기업으로 성장하려면 지금보다 매출을 더 늘려야 한다. 원재료 조달, 생산과 가공기술 확보, 스토리텔링 등에서 발군의 실력을 보여줬지만, 아직 매출 증대에서는 성과가 더딘 편이다. 하지만 무를 첫사랑으로 연결시킨 기획력이라면 판로개척과 마케팅에서도 저력을 발휘할 수 있을 것이다.

우리 마을 포인트

1. 지역의 토종자원에 담겨있는 로컬리티를 최대한 끌어냈다. 고랭지의 무 생산에 힘을 쏟다가 무를 원료로 한 잼을 만들었고, 잼의 브랜드는 이 지역에 전해 내려오는 민화에서 따왔다. 지역에 기반을 둔 자산이기 때문에 해당 지역에 깊게 뿌리내릴 수 있었고, 대외적으로는 신뢰도와 차별화된 인지효과를 거둘 수 있다.

2. 무잼 생산에 3년을 바친 마을기업 구성원들의 단결력이다. 1차 농산물을 2차 농산품으로 가공 및 판매하는 데는 단계마다 많은 어려움이 따른다. 3년이라는 시간동안 마을기업의 구성원들이 흐트러지지 않고 무잼 개발에 집중할 수 있었던 것은 분명한 목표와 추진력이 있었기 때문에 가능했다.

3. 지역여건에 맞는 근로시간제를 도입해서 여성 근로자들의 노동력을 적절하게 활용했다. 농촌 여성들이 본인에게 편리한 시간을 내서 일을 하는 시급제를 도입함으로써 여성들은 가사와 부업을 병행할 수 있고, 마을기업은 노동력을 탄력적

으로 확보할 수 있게 됐다.

4. '무 마음대로 먹기' 축제와 같은 이벤트를 통해서 적극적으로 상품을 홍보하고 있다. 축제같은 자체 홍보수단을 갖고 있으면 다양한 마케팅의 거점으로 활용할 수 있다.

유키타로노 사토

주소 니이가타현 죠우에쓰시 마키쿠 타나히로 2631-1번지
설립 2006년
원천소재 무
경쟁력 무잼 가공기술

마을기업
더 보기

8명의 여인들, 레스토랑 대박났네

꽃농장 아와노 | 토치기현 카누마시

일본에는 여성 중심의 마을기업이 꽤 많은 편이다. 이러한 특성은 여성 특유의 섬세함, 성실성, 협동심으로 나타나 기업경영에서 큰 힘을 발휘하고 있다. 소규모 화훼 동호회에서 시작된 이들이 수만 명이 찾는 레스토랑의 주역이 되어 농촌 여성들의 저력을 보여준 사례가 있다. 누구라도 이들처럼 노력하면 성공할 수 있을 것이다. 여기, 농촌 주부들의 '마을기업 성공창업기'가 시작된다.

농촌 주부들이 농산물을 원료로 해서 가공식품을 만들어 팔거나 체험관광객들에게 식사를 준비하는 경우는 어렵지 않게 찾아볼 수 있다. 하지만 특산품도 아닌 서양 음식을 만드는 전용 레스토랑을 차린 경우는 한국과 일본 어디에서도 찾아보기 힘들다. 이는 농촌 자원을 활용해 부가가치를 창출한다는 마을기업의 정의와도 딱 맞아떨어지지는 않았다. 여러모로 호기심을 자극하는 마을기업이었다.

토치기현栃木県은 후쿠시마현福島県과 사이타마현埼玉県 사이에 있는 내륙지역이다. 토치기현의 현청 소재지인 우쓰노미야宇都宮에서

꽃농장 아와노 레스토랑 전경

30분 정도 차를 타고 이동하자, 한적한 농촌마을에 도착했다. 작은 자갈로 잘 정비된 주차장이 모습을 드러냈다. 주차장 옆에 있는 계단으로 올라가자, 아담한 모양의 레스토랑 '꽃농장 아와노花農場 あわの' 가 한눈에 들어왔다. 아와노あわの는 이 지역의 옛 지명이다.

레스토랑의 오른쪽에는 1만 1천 제곱미터 넓이 허브정원이 펼쳐져 있다. 100그루의 라벤더를 비롯해 200여 종의 허브와 100그루의 블루베리가 흐드러지게 피어있어서 레스토랑 입구에 들어서는 순간 마음이 탁 트였다. 레스토랑 내부는 들어가면 오른쪽이 홀hall, 왼쪽은 드라이플라워dry flower 전시 및 판매장으로 꾸며져 있다.

허브 잎을 따서 말린 다음, 다양한 드라이플라워를 만들어 전시장의 천장과 벽을 장식해놓았다. 이곳에서 드라이플라워 강습회를 열기도 하고 식사를 마친 고객들이 둘러보며 드라이플라워 상품을 구입하기도 한다. 여성 고객을 겨냥한 마케팅 전략이다.

40년 전의 주부생활개선모임
: 마을기업을 잉태하다

필자를 맞아준 사람은 유한회사 '꽃농장 아와노'의 대표 와카바야시 후미꼬若林ふみ子씨였다. 올해 65세인 그녀는 30년 동안 건설회사에 근무한 경험을 바탕으로 꽃농장 아와노의 창업을 주도한 장본인이다. 건설회사에서 줄곧 총무와 회계분야를 담당했기 때문에 누구보다도 마을기업 설립의 최적임자였다. 그녀는 야무지면서도 강단 있는 인상이었다. 이날 영업 준비를 끝내고 차를 마시고 있던 8명의 주부들은 평범한 일본 전업주부들의 모습이었다.

이 8명의 주부가 레스토랑을 만들게 된 사연을 설명하려면, 40년 전의 첫 만남부터 이야기해야한다. 그 출발은 1973년, 옛 아와노정粟野町의 '주부생활개선모임'이었다. 여기서 8명의 주부가 처음 만났다. 이는 와카바야시 후미꼬 사장이 24세 때의 일이다. 주부생활개선모임은 전후 일본의 농림성農林省이 농산어촌의 생활여건을 개선하고 여성의 지위향상과 자립을 지원하기 위해 조직한 모임이다. 이 주부생활개선모임은 전국적으로 일본의 농산어촌에서 여성 경영체 활동의 구심점 역할을 하고 있었다.

주부생활개선모임은 130여 명의 여성 회원들이 활동하고 있었고, 자매도시인 도쿄의 쿠로다구黑田區, 코우토구江東區에서 무농약 채소 직거래 장터 등을 열어왔다. 이 가운데 특히 꽃을 좋아하는 8명의 여성이 있었다. 이 8명의 주부들을 한데 묶은 것은 '드라이플라워'였다. 그들은 꽃잎을 말려서 드라이플라워를 만들어 팔기도 하고 강습회도 개최했다. 그렇게 20년 전부터 드라이플라워를 통해서 호흡을 맞춰왔다. '꽃농장 아와노'라는 상호도 여기서 출발한 것이다.

이들의 관심이 드라이플라워에서 그쳤다면 오늘의 꽃농장 아와노는 탄생할 수 없었을 것이다. 주부들은 기본적으로 농사를 짓고 있었다. 농작물을 재배하고 요리를 만드는데 큰 두려움은 없었다. 그러면서 자연스럽게 '허브농장을 만들 수는 없을까? 허브를 이용한 요리를 내놓는 레스토랑을 열 수는 없을까?' 호기심이 생기면서 어느새 구성원들 사이에서 공감대를 얻어 갔다.

이런 생각이 구체화되면서 1997년, 마침내 주부들은 꽃농장 아와노를 창업하기 위한 본격적인 준비에 들어갔다. 설립 준비위원회를 발족시키고 창업계획을 수립했다. 리더 역할을 하고 있는 와카바야시 후미꼬 사장은 30년 동안 근무한 회사에 사표를 내고 창업에 뛰어 들었다.

이들이 가진 것은 그동안의 주부생활개선모임 활동을 통해서 쌓인 서로 간의 신뢰뿐이었다. 하지만 시간이 흐르면서 구성원들은 이것이 어떤 것보다도 든든한 밑천이 되었다는 사실을 깨달았다. 8명의 주부 가운데 한 명인 코스기 시즈씨는 '오랜 기간 주부생활개선모임에서 함께 활동했기 때문에 기본적인 팀워크가 있었고 그때의 경험을 살릴 수 있었다'고 말했다.

"여자들에게는 돈 안 빌려줍니다."

창업의 첫 번째 관문은 자금조달이었다. 우선 레스토랑을 지을 자금을 마련해야했다. 당시 자치단체였던 아와노정에서는 '후루사토ふる さと 르네상스 사업'을 추진하고 있었다. 사업대상자로 선정되면 보조금을 받을 수 있었다. 8명의 주부들은 우선 이 보조금을 신청했다. 자치단체에서는 주부생활개선모임에서 20년 넘게 각종 강습회와 판매행사 등을 해온 점을 인정해 4천만 엔의 보조금을 지원했다. 레스토랑만 짓고 나면 어떻게든 될 것 같았다. 하지만 시설과 설비자금, 운영자금도 만만치 않게 필요했다. 이번에는 농협에서 농업 근대화 자금으로 2천만 엔을 빌렸다.

하지만 정부 지원금을 받는 데는 우여곡절이 많았다. 보조금을 신청했을 때, '여성모임에는 돈을 빌려주지 않는다'는 답변이 돌아왔

꽃농장 아와노의 구성원들. 1998년 창립 때부터 지금까지 한 명도 빠지지 않고, 레스토랑 운영에 참여하는 탄탄한 팀워크를 보여주고 있다.

다. 당시는 여성들의 기업 활동이 두드러지지 않았을 때였다. 특히, 이곳의 인구는 1만 명 안팎의 전형적인 농촌이었으니 무리도 아니었다.

"여성모임을 가볍게 본 것입니다. 여자니까 안 된다, 여성모임에서 어떻게 그런 일을 할 수 있겠냐는 식의 말투였습니다."

와카바야시 사장은 당시를 이렇게 회고했다. 그래서 와카바야시 사장은 토치기현청과 옛 아와노정의 담당자를 쫓아다니며 계속 설득했다. 공무원들의 논리는 임의단체인 여성모임에는 책임을 물을 수 없기 때문에 정부자금을 지원할 수 없다는 것이었다. 주부들이 보조금을 받기 위해서는 법인체의 자격이 필요했다. 그것은 우리의 영농조합법인과 비슷한 형식이었다. 당시, 유한회사의 자본금은 최저 300만 엔이었다. 이것을 8명이 똑같이 나눠서 출자했다. 회사의 정관 등 등기에 필요한 서류는 건축회사 근무 경험으로 총무, 회계분야를 잘 아는 와카바야시 사장이 맡았다.

"처음으로 회사등기 서류를 만드는 것이었기 때문에 관공서를 일곱 차례나 다녀왔습니다. 그렇게 했더니 관공서의 담당자도 질렸는지 마지막에는 잘 도와주더군요."

프랑스 요리의 대가가 된, 8명의 여인들

겨우 자금 문제가 해결되었지만 주부들의 어깨를 짓누르는 것이 하나 더 있었다. 소바와 우동 정도밖에 만들어보지 않은 주부들이 과연 레스토랑 요리를 할 수 있겠냐는 것이었다. 프랑스, 이탈리안 음식은 사실상 미지의 세계였다. 어설프게 만들었다간 촌티 나는 레스토랑이란 소릴 들을 수밖에 없는 노릇이었다. 그래서 그들은 자치단체와

상담을 한 끝에, 토치기현 지역 활성화 마이스터 제도에 도움을 요청하기로 했다.

토치기현에서 프랑스 요리 전문 쉐프를 소개받게 됐다. 이 주방장은 토치기현 우쓰노미야宇都宮 출신으로 프랑스, 독일 등의 레스토랑에서 7년간 일했고, 도쿄의 유명 레스토랑에서 쉐프로 근무한 경험이 있었다. 주부들은 이 쉐프의 도움을 받기로 했다. 많은 월급을 주고 주방장을 영입하기보다는 주부들이 직접 요리를 만들기 위해 조리법을 배우기로 한 것이다.

8명의 주부들은 레스토랑을 오픈하기 전에 일 년 동안 교대로 이 전문 쉐프에게 출퇴근하며 요리를 배웠다. 농번기에는 농가의 밭일을 끝내고 가서 레스토랑 일을 배웠다. 농사일 때문에 아무리 피곤해도 밤늦게까지 남아서 주방 운영, 레스토랑의 서빙, 손님 접대법 등 레스토랑 운영의 ABC를 하나하나 배워나갔다. 주부들은 고객들에게 프랑스, 이탈리아 본 고장의 맛을 느끼게 하고 싶었다. 주부 가운데 한 명인 타쿠찌 미치꼬씨는 '손님 접대, 음식 만들기 등 이 모든 것이 그전에 해왔던 활동과는 전혀 다른 것이었기 때문에 그 부분이 가장 힘들었다'며 초창기의 어려움을 털어놓았다.

도시의 레스토랑에 뒤지지 않는 요리를 만드는 것 외에도 주부들이 공을 들인 것이 있었다. 원래는 곤약밭이었지만, 방치되어 있었던 땅을 개간해 허브정원을 만든 것이었다. 잡초로 우거진 휴경지를 개간한다는 것은 주부들의 힘만으로는 녹록치 않은 일이었다. 이를 보고 반신반의하던 남편들조차 팔을 걷어 부치고 적극적으로 개간 작업을 도왔다.

노력은 헛되지 않았다. 이제 2백여 종류의 허브와 화초가 가득

한 허브농장으로 화려하게 변신한 것이다. 이곳은 꽃농장 아와노를 다른 레스토랑과 차별화시켜주는 든든한 집객 공간 역할을 하고 있다. 레스토랑을 방문한 타마쓰쿠리 이찌에씨는 '허브정원이 있어서 좋고, 또 허브를 감상하면서 편안하게 식사를 할 수 있어서 참 마음에 든다'라며 만족감을 드러내었다.

가족 반대 극복,
돌아가며 카운터 맡는 투명경영

하지만 농사일만 해본 주부들이 레스토랑을 한다고 했을 때, 뜯어말리는 사람이 많았다. 가장 반대했던 사람은 의외로 가족들이었다. 와카바야시 사장은 '가족이 누구보다도 반대했기 때문에 레스토랑 문을 열기 한 달 전, 여덟 가족을 모아서 프리젠테이션을 했다. 일 년간 예상 매출은, 드라이플라워에서 이 정도, 허브의 판매로 이 정도, 레스토랑에서 이 정도라고 보고하는 식이었다'라고 털어놓았다. 여덟 가족이 할아버지부터 아이까지 60명 정도 와서 음식을 먹어본 뒤에 모두 '맛있다. 이 정도면 되겠다.'라고 말해줬을 때는 정말 기뻤다고 한다.

레스토랑을 오픈하기 전에는 손님을 일 년에 만 명 정도로 예상했다. 하지만 1998년, 오픈하자마자 손님들이 몰려들기 시작했다. 많을 때는 하루에 3백 명 가까이 손님이 방문했기 때문에 제대로 접객을 하기 어려웠던 적도 있었다. 일 년이 지났을 때는 목표의 배인 2만 명, 지금은 연간 3만 명이 넘는 고객이 다녀가는 레스토랑이 되었다.

꽃농장 아와노는 '농촌 여성들이 운영하기 때문에 믿을 수 있다,

1   레스토랑 내부 모습. 주부들은 돌아가며 카운터를 맡고 있다. 돈 문제를 투명하게
처리하겠다는 뜻이다.

2   허브정원에서 따온 허브 잎를 말려서 직접 드라이플라워를 만든다. 판매뿐만 아니라,
강습회도 개최해서 여성 고객을 유치하고 있다.

대표를 맡고 있는 와카바야시
후미꼬 씨. 성실하고 책임감이 강한
전형적인 일본 주부다.

맛도 좋다, 허브정원까지 있어서 더욱 가볼만하다'고 입소문이 나기 시작했다. 손님들은 토치기현에서만 오는 것이 아니다. 도쿄는 물론 군바群馬, 이바라키茨城, 사이타마 등에서도 소문을 듣고 찾아온다. 레스토랑을 홍보하기 위해 지역 방송사와 신문사에도 요청을 해서 뉴스 배경으로 레스토랑 허브정원의 전경이 방송되기도 했다.

8명의 주부들은 별도로 종업원을 고용하지 않고, 모든 일을 자체적으로 해결하고 있다. 인건비를 아끼기 위해서였다. 지금까지 8명의 여성이 한 명도 빠지지 않고 함께하게 된 것도 쉽지 않은 일이었다. 이 주부들 가운데 와카바야시 사장과 다른 한 명의 나이가 가장 많고, 가장 나이가 어린 주부와는 12살 정도 차이가 있다. 각각의 역할을 공평하게 유지하는 것이 가장 중요했다. 또한 회의는 매일 하는 것을 원칙으로 하고 있다.

꽃농장 아와노의 경영 기법 가운데 가장 큰 특징은 로테이션이다. 특히, 경리와 카운터는 2개월씩 돌아가면서 담당한다. 8명 모두가 경영상황을 이해하는 것이 중요하기 때문이란다. 카운터를 맡고 복식부기 방식으로 금전출납장을 쓰게 되면 일일 매출 현황은 물론 장사가 잘 되는지, 내가 받는 월급이 유지되려면 어느 정도 손님이 와야하는지 등이 자연스럽게 파악되었다.

"농촌이건 도시건 기업에서 자금, 회계 문제가 매끄럽지 못해서 불신이 생겨서 구성원들이 그만두게 되어 회사가 안정되지 못하는 것을 자주 봐왔습니다."

와카바야시 대표는 로테이션으로 경리와 카운터를 맡게 되면 대표이사가 회계를 불투명하게 처리할 수 없기 때문에 구성원들 간에 돈 문제를 놓고 오해가 생길 여지조차 작아진다고 주장했다. 이는 마을기업이 안고 있는 문제를 깊게 고민한 끝에 나온 아이디어였다.

꽃농장 아와노 주변에는 특별한 관광시설이 없다. 이 레스토랑을 온 손님들은 오로지 레스토랑 하나만 바라보고 방문한 경우가 대부분이다. 해마다 꽃이 필 때면 사이타마 지역의 신문에 끼워 넣기 광고를 해서 수도권의 여성 고객들을 유치한다. 또한 8명의 주부들은 본고장의 제대로 된 맛을 보여주겠다는 신념으로 계절별로 새로운 메뉴를 개발하고 농약과 첨가물도 넣지 않고 있다. 서양 요리의 프로페셔널이 된다는 각오가 없었다면, 여기까지 올 수도 없었을 것이라고 주부들은 입을 모았다.

꽃농장 아와노의 성공사례는 전국적으로 집중 조명을 받았다. 이로 인해 와카바야시 사장은 각종 강연회에 강사로 초청받고 있다. 제51회 전국 농업콩쿨 농림수산대신상을 받기도 했다.

꽃농장 아와노는 비교적 지금까지 순탄하게 걸어왔다. 그것은 8명의 여성들이 주부생활개선모임에서부터 쌓아온 신뢰와 팀워크, 그리고 가족들의 반대를 무릅쓰면서까지도 직접 휴경논을 개간하며 서양요리를 몸소 배우고 프로페셔널이 되기 위해 준비했던 피나는 노력의 결실이었다. 어쩌면 마을기업을 창업하기까지 이 모든 준비과정이 꽃농장 아와노의 오늘을 예고했는지도 모른다.

1. 철저한 프로페셔널이 되어야한다. 이를 위해서 주부 8명이 일
년 동안 서양 요리를 배웠다. 시골에서 무슨 이탈리안 레스토랑이
냐는 핀잔을 듣지 않기 위해 꾸준히 노력한 결과, 도시 레스토랑에 뒤지지 않는
퀄리티를 유지하게 됐다.

2. 주부들이 40년 동안 활동해온 주부생활개선모임이 밑바탕이 됐다. 어느 날
갑자기 마을기업이 나타난 것이 아니라 오랫동안 호흡을 맞춰오며 여러 가지 활
동을 통해 그 능력과 신뢰를 인정받은 모임이 마을기업의 모태가 됐다.

3. 마을기업이 수익금 분배, 대표의 독단적 운영 등으로 깨지는 일이 없도록 주
부 8명이 교대로 경리와 회계업무를 맡고 있다. 이를 통해 기업의 운영이 투명해
지고 상호 신뢰할 수 있는 바탕이 되었다.

4. 여성이 운영하는 레스토랑, 허브정원, 드라이플라워 교실 등으로 레스토랑
의 콘셉트를 여성에 맞춘 점이 효과를 나타냈다. 차별화된 시장 세분화(market
segmentation) 전략은 도쿄의 고객까지 찾게 만드는 명소를 탄생하게 했다.

꽃농장 아와노
주소 토치기현 카누마시 나카카쓰오 423번지
설립 1998년
원천소재 허브, 농산물
경쟁력 구성원들의 단합, 프로 근성
홈페이지 www.hananoujou.com

도로역에 마을의 운명을 걸다

토산도 이오우노 후루사토 물산 센터 조합 | 토치기현 나스정

'이대로 가다가 마을이 없어질지도 모릅니다.'

과소화, 고령화로 인구가 줄어들면서 마을의 존립을 걱정한 마을 주민들이 있었다. 그들은 어떻게든 마을을 살려보자고 머리를 맞대었다. 도로역을 유치해서 마을 주민들이 매달리면 뭔가 되지 않을까? 궁리했으며, 주민들은 도로역에서 일자리를 얻어 농산물을 팔았고 결국 마을이 되살아나게 되었다.

토치기현의 나스정那須町은 닛꼬日光 국립공원 부근의 온천마을로 알려진 인구 2만 8천 명 규모의 자치단체다. 국립공원이 있기 때문에 이곳을 관광지라고 생각하기 쉽지만, 사정은 다르다. 동북 자동차 도로와 신칸센新幹線의 위쪽 지역은 고원지대와 목장이 펼쳐지는 관광지이지만, 아래쪽은 그저 산간지역일 뿐이다.

이오우노伊王野는 나스정의 남동부 쪽에 있다. 이 지역에서는 1960년대부터 임업이 번성했다. 하지만 인구 고령화로 임업이 쇠퇴하여 주민들도 하나둘씩 도시로 떠나갔다. 상점도 문을 닫았고 급속하게 고령화가 진행되었다. 전체 인구는 6천 명에서 3천7백 명으로 감소했다.

"마을이 사라질지 모릅니다. 어떻게 해야 하나요…."

계속 인구가 줄어들면서 그냥 놔두면 마을 자체가 사라질지도 모른다는 불안감이 몰려왔다. 고민이 깊어지자, 뜻있는 마을 주민들이 자리를 함께했다. 이들은 1994년, '이오우노 마을 만들기 위원회'를 조직해서 뭔가 해결책이 없을까를 논의하게 됐다. 자치단체와 농협 관계자, 대학교수 등이 머리를 맞대고 나름대로 활성화 방안을 찾아봤지만, 뾰족한 수가 없었다.

　그러던 중, 희소식이 들려왔다. 이오우노 지역을 통과하는 국도 294호선에 도로역道の驛을 건립한다는 소식이었다. 도로역은 우리의 고속도로 휴게소와 비슷한 기능을 하는 곳으로 일반적으로 식당과 농산물 판매점, 휴식 공간 등을 갖추고 있다. 이 도로역을 유치하면 294호선을 따라서 나스정을 찾아오는 방문객들을 자연스럽게 불러 모을 수 있고 도농교류의 거점으로 삼을 수 있다는 아이디어가 나왔다.

　반응은 괜찮았다. 당시, 이오우노 지역에는 주민들이 농산물을 재배하고 있었지만, 판매할 수 있는 매장이 없었기 때문에 수입으로 연결시키지 못하고 있었다. 아무래도 마을을 찾아오는 방문객을 모을 수 있는 거점이 있다면 지역 활성화는 큰 힘을 받을 수 있겠다는 판단이 들었다. 이 때문에 도로역은 주민들이 선택할 수 있는 유력한 카드였다.

　하지만 시작하자마자 난관에 부딪혔다. 도로역을 유치한다고 해

토산도 이오우노 도로역

도 운영할 주체가 마땅치 않았던 것이다. 지역의 자치단체나 농협은
모두 손사래를 쳤다. 도로역 운영은 일반적으로 자치단체, 농협, 또는
농업단체 등이 주체가 되는 경우가 많다. 그러나 이오우노에서는 자
치단체나 농협 모두 재정에 큰 부담이 된다는 이유로 운영주체가 되
는 것을 거절했다.

우스이 히데오薄井英雄, 토산도 이오우노東山道 伊王野 후루사토 물산
센터 조합장은 당시를 회고하면서 그 시절은 참 절박했다고 말했다.

"자치단체에서는 참여할 수 없다, 농협에서도 경기가 좋지 않고
재정상황도 어렵기 때문에 도로역을 운영할 수 없다고 거절했습니
다. 참 힘들었습니다. 하지만 포기하지 않았습니다. 그때, 토치기현
청을 찾아가서 우리가 어떻게든 운영할테니 지어만 달라고 부탁했
습니다."

마을 주민들은 '이오우노 마을 만들기 위원회'를 중심으로 도로역의 운영방안을 논의했다. 그 결과, 마을 주민들이 출자해서 조합을 만들자는데 의견이 모아졌다. 지역주민이 한 사람이라도 더 참여해야 책임감도 강해져서 제대로 굴러갈 수 있다는 주장이 호응을 얻었다. 이렇게 모아진 뜻을 가지고 자치단체에 마을 주민들이 조합을 만들어 도로역을 운영하겠다고 제안했다. 지역 간의 경쟁이 있었지만, 다행히도 도로역 유치에 성공하게 되었다.

1999년 11월, 토산도 이오우노 후루사토 물산 센터 조합이 설립됐다. 조합에서는 1구좌에 1만엔으로 조합원을 모집했다. 농업, 임업, 상공업, 소비자 등을 포함해 320명에게서 신청이 들어와 850만엔이 모아졌다. 320명이면 지역주민의 3분의 1이 참여한 것이다. 출자자의 80퍼센트는 농민이었다. 많은 주민이 오너owner로서 조합활동에 적극적으로 참여했다. 그리고 2000년 10월, 드디어 도로역이 문을 열고 영업에 들어갔다. 도로역은 소바 식당, 농산물 판매센터, 찻집, 물레방아, 전통예능 보존관 등을 갖췄다.

물레방아 소바 대박 히트, 메밀 재배 부활

이오우노 지역에서는 임업 외에도 담배 농사가 발달했다. 담배 재배가 활기를 띨 때는 담배의 그루갈이로 메밀을 재배했다. 이 지역은 낮과 밤의 일교차가 크고 토양도 메밀 재배에 적합해서 양질의 메밀로 맛있는 소바를 만들 수 있었다. 하지만 담배 재배가 쇠퇴하면서 메밀 생산도 위축됐다. 토산도 이오우노 후루사토 물산 센터 조합에서는 옛 명성을 살려 '소바의 고장 만들기'라는 마을의 공동 프로젝

1   이 도로역에서 50명의 주민이 일자리를 얻었다. 소바의 메밀 반죽을 하는 종업원들도 모두
마을 주민들이다.

2   소바는 이 도로역의 간판상품이다. 주말이면 7백 명에 가까운 손님이 다녀간다. 소바가 인기를
얻으면서 소바 원료인 메밀의 재배가 다시 활기를 띠게 되었다.

12미터 높이의 물레방아는 이 도로역을 알리는 랜드마크다. 이 물레방아를 돌려 메밀을 빻아서 소바를 만든다는 것도 중요한 마케팅 포인트가 되었다.

트를 추진하기로 했다.

1차로 주민들이 재배한 메밀을 원료삼아 소바를 만들어 도로 휴게소의 식당에서 판매하기로 했다. 설립 초기에는 시중에서 파는 메밀가루를 사용했다. 값은 쌌지만 맛이 없었다. 조합에서는 제대로 된 맛을 내기 위해서는 직접 재배한 메밀을 사용해야 된다고 판단했다. 더구나 '소바의 고장 만들기'라고 할 정도면 분명히 그 이상의 차별화되는 포인트가 있어야 한다고 생각했다. 그래서 우선, 가장 맛있는 소바를 만들기 위한 세 가지 원칙을 정했다. '갓 빻아서, 갓 뽑고, 갓 데쳐'서 소바를 고객에게 내놓는 것이었다.

이 원칙에 따라서 메밀을 도로 휴게소에서 직접 빻아서 그 자리에서 손으로 뽑은 면을 데쳐 고객들에게 제공했다. 조합에서는 소바면을 뽑는 장인을 고용해서 지역주민들에게 배우게 했다. 소바 판매를 위한 준비는 어느 정도 됐지만, 이 정도로는 부족한 느낌이 들었다. 뭔가 이 휴게소만의 독특함uniqueness이 필요했다. 그렇게 떠올린 것이 물레방아였다.

물레방아는 이오우노 도로 휴게소의 랜드마크이다. 소바 판매가 대박을 터뜨리게 된 일등 공신이기도 하다. 이 물레방아는 높이가 12미터, 직경 5.6미터로 도로를 지나가는 차량에서도 한눈에 들어온다. 토치기현에서 가장 규모가 큰 물레방아에서 빻은 메밀가루를 원료로 한 수타 소바를 제공한다는 것이 이 휴게소의 자랑이었다. 휴게소의 명물인 물레방아에 대한 입소문은 삽시간에 퍼졌다.

소바 식당은 이 물레방아와 바로 붙어있어서 손님들은 물레방아가 돌아가는 장면을 유리창을 통해 보면서 소바를 먹게 된다. 본인들이 먹고 있는 소바가 눈앞에 있는 물레방아를 돌려 직접 빻은 메밀가루를 즉석에서 뽑아서 만든 것이라는 점을 고객들이 눈으로 확인하게 되는 것이다. 식당에서 만난 후지와라 후미코씨는 '물레방아도 보기 좋고 소바도 맛있어서 자주 옵니다. 오늘은 비가 와서 손님이 그렇게 붐비지 않지만, 평소에는 아주 붐빕니다.'라고 말했다. 시골 휴게소의 소바가 인기를 끌면서 도치기현 외부에서 일부러 먹으러 오는 손님도 늘어났고, 물레방아를 보기 위해 소바를 먹으러 오는 손님도 생겼다.

물레방아 소바가 대표 상품으로 떠오르면서 한 해 1억 원의 매출을 안겨줬다. 평일에는 3백 명에서 4백 명, 토요일에는 6백 명에서 7백 명의 손님이 방문하고 있다. 물레방아가 가져온 파급효과는 이뿐만이 아니다. 물레방아 덕택에 직접 메밀을 빻아서 면을 뽑는 소바 체험도 큰 인기를 얻고 있다. 이것은 도농교류의 핵심 프로그램이 되고 있다는 설명이다. 지역의 초등학교와 연계해서 이 프로그램을 일정 기간 지속적으로 운영하기도 했다. 물레방아에서 빻은 메밀가루를 판매하기도 하고, 메밀을 가져오면 빻아주기도 한다. 또한 주민들이 소바를 원료로 개발한 아이스크림도 인기상품이 되었다.

소바가 잘 팔리면서 소바의 원료인 메밀 공급량이 소바를 따라가지 못하는 상황에 이르게 되었다. 때문에 조합에서는 놀리는 경작지를 이용해 메밀 경작면적을 확대해나가고 있다. 또한 메밀을 수확하기 위해 콤바인을 구입하여 개인이 하기 힘든 메밀 수확 작업을 대행했다. 그 결과, 2001년에 615헥타르였던 이 지역의 메밀 재배면적이 2004년엔 872헥타르로 늘어났다. 말 그대로 '소바의 고장'이 만들어진 것이다.

지역주민을 고용하여 소농을 살리자

토산도 이오우노 도로역에는 농산물 직매장이 설치되어 있다. 이곳은 지역 농민 180명이 생산한 농산물을 판매하는 곳이다. 죽순, 표고버섯, 딸기 등이 인기를 얻고 있다. 농산물 직매장에서 회계를 담당하고 있는 쓰루마키 야쓰꼬씨는 '출하되는 농산물이 가장 많을 때는 가을이면 130종류가 된다'고 설명한다. 그 전까지는 농가에서 자체소비용으로 재배해오던 것을 판매용으로 출하하기 위해 생산 면적을 늘렸다는 설명이다. 당일 매출실적은 휴대전화로 농민들에게 통보된다. 지난 해 농산물 직매장의 연간 매출은 2억 5천만엔을 기록했다.

토치기현은 원자력발전소 사고가 일어난 후쿠시마현과 붙어 있는 지역이다. 농산물 직매장 입구에는 방사능 물질의 측정수치가 게시되어 있었다. 농산물의 안전성에 대한 소비자들의 우려가 크기 때

도로역의 농산물 직매장에서는 이 지역 농민 180명이 재배한 농산물이 판매되고 있다. 소농들은 유통의 어려움을 크게 덜 수 있게 되었다.

문에 조합에서는 조합원과 소비자가 참여해서 두 달에 한 번씩 농산물의 안전성과 잔류농약 검사를 실시하고 있다. 때문에 농민들은 농작물의 재배 이력서를 두 달에 한 번씩 의무적으로 제출해야 된다.

조합에서는 농민들을 대상으로 재배 강습회, 선진지역 시찰 등을 개최해서 농산물의 고품질화를 유도하고 있다. 출하하는 농산물은 그날 아침에 수확한 것이다. 농산물 가격은 인근 슈퍼마켓보다 10퍼센트 정도 싸다. 이 농산물 직매장을 이용하는 주요 고객은 도로역을 방문하는 관광객이 80퍼센트, 지역주민은 20퍼센트에 이른다. 부근의 호텔, 펜션 등지에서도 장을 보러 이곳을 이용하고 있다. 꼼꼼하게 품질을 관리한 탓에 현재는 네 곳의 학교에 급식용 농산물로도 공급되고 있다.

도로역이 처음 문을 열었을 때, 8명이었던 종업원은 이제 50명으로 늘었다. 모두 지역주민들이다. 소바 식당에서 일하는 마을 주민 코모리 리에씨는 '도로역이 주민들이 사는 곳에서 가깝기 때문에 일하기가 아주 편하다'고 말한다. 토산도 이오우노 물산 센터 조합의 조합원은 30퍼센트 이상이 65세가 넘은 노인들이다. 그럼에도 대부분 일에 보람을 느끼며 활기차게 일하고 있다. 소량의 농작물이지만, 마음 놓고 출하할 곳이 생기면서 조합원들은 의욕적으로 일한다. 일자리 창출, 소농의 농산물 출하 등을 통해서 마을 전체에 활기가 넘치고 있는 것이다.

설립 첫 해, 1억 4천만엔이었던 매출은 꾸준히 증가해서 10년 만에 세 배가 넘는 4억 7천만엔을 기록했다. 연간 방문객 수도 43만 명을 돌파했다. 이런 성과를 바탕으로 토산도 이오우노 도로역은 2011년 일본경제신문사가 실시한 조사에서 일본 관동지방 145개의 도로역 가운데 '다시 찾고 싶은 도로역' 9위에 선정되기도 했다. 이곳은 도쿄에서 당일치기로 닛코 국립공원을 돌고 오는 관광버스들도 빠지지 않고 들르는 유명 휴게소가 되었다.

'나도 마을기업에 참여하게 해주세요!'

우스이 히데오 조합장은 대기업 제조업체에서 정년퇴직했다. 우스이 조합장뿐만 아니라 도시에서 고향으로 내려온 주민들은 다양한 경력을 갖고 있다. 그러한 주민들이 참여해서 조합에 애정을 갖고 주도적으로 이끌고 있는 것이다. 우스이 조합장은 이 도로역의 성공 배경에 대해 이렇게 설명한다.

"다른 도로 휴게소는 짓기로 결정하고 그 다음에 운영주체를 공모하는데 우리는 우리가 운영할테니까 이곳에 지어만 달라고 요청했습니다. 시작의 차이가 결과적으로 큰 차이를 가져왔다고 생각합니다."

도로역은 정부가 지어줬지만 그 후, 보조금을 한 푼도 받지 않고 조합에서 운영하고 있다. 오히려 임대료를 자치단체에 내고 있다. 당초 도로역을 유치하자고 했을 때, 반대하는 주민들도 적지 않았다. 경험도 없는 주민들이 도로 휴게소를 운영하는 것은 무리라며 말조차 꺼내지 않았지만 지금은 출자금을 내고 조합에 들어오고 싶다

우스이 히데오 조합장은 마을을 살리겠다는 절박함이 마을기업 성공의 원동력이 됐다고 말한다. 인구가 계속 줄어들어 바람 앞의 등불 같았던 마을을 살리기 위해서 주민들은 함께 힘을 모았다.

고 하는 주민이 많다. 현재 출자자수는 383명, 출자금은 1,321만엔으로 증가했다.

토산도 이오우노 도로역은 해마다 일곱 개의 각종 이벤트를 개최하고 있다. 이 이벤트를 홍보하기 위해 이벤트를 표기한 달력 5천 개를 인근 지역에 배포하는 등 홍보에도 힘을 쏟고 있다. 이오우노 물산 조합에서는 농산물 출하량이 감소하는 겨울철의 내방객수가 상대적으로 적기 때문에 이 문제를 해결하기 위해 온천시설을 건립하는 방안을 구상하고 있다. 이것이 이뤄진다면 일자리를 더 창출할 수

있고 수익구조를 안정적으로 유지할 수 있기 때문이다.

우스이 히데오 조합장은 '수익도 중요하지만, 경영방침은 조합이 돈을 벌기보다는 지역민을 위하는 것이며, 계속 후계자를 육성해 '소바의 고장 만들기'를 진행해서 브랜드까지 연결시켜나가고 싶다.'라고 말했다. 마을기업의 우선은 마을기업을 이루는 구성원임을 잊지 말아야 할 것이다.

1. 자치단체도 포기한 도로역을 마을 주민들이 조합을 만들어 운영했다. 정부 주도로 운영되지 않고 처음부터 주민 중심으로 시작돼 확실한 책임경영이 이뤄졌다. '지어만 주면 나머지는 어떻게든 우리가 알아서 한다'는 주민들의 자발적인 의지가 밑바탕이 됐다.

2. 가장 절박한 상황에서 최대의 힘이 나왔다. 이대로 가면 마을이 사라질지도 모른다는 현실인식이 주민들을 하나로 묶었다. 특별한 문제의식이 없었다면 도로 휴게소를 유치하자는 의견이 나오기는 어려웠을 것이다.

3. 대형 물레방아와 같은 랜드마크를 만들어 관광객들을 유치하는 집객 거점으로 활용했다. 전국의 체험마을과 농산물 직거래 판매장은 넘쳐난다. 소비자를 유인할만한 랜드마크 또는 스토리텔링이 있어야 차별화된 경쟁력을 가질 수 있다.

4. 도로 휴게소에서 50개의 일자리가 만들어졌다. 많은 일자리가 만들어졌기 때문에 '마을=마을기업'이 성립하게 됐다. 많은 지역주민들에게 골고루 혜택이 돌아갈 수 있도록 운영되어 이 지역에서 확고하게 뿌리를 내려가고 있다.

토산도 이오우노 후루사토 물산 센터 조합
주소 토치기현 나스정 이오우노 459번지
설립 1999년
원천소재 도로역, 메밀
경쟁력 주민 책임경영, 집객시설(물레방아)
홈페이지 http://michinoeki-tosando.jp

몸으로 부딪혀
시장을 뚫다

킨노스즈 마고코로까이 | 나가노현 이께다정

마을기업이 겪고 있는 공통적인 어려움 가운데 하나가 판로를 개척하는 것이다. 상품만 잘 만들면 어떻게든 팔릴 것이라고 생각하는 마을기업은 얼마 가지 않아 벽에 부딪힌다. 제품 생산 및 유통의 사이클이 잘 돌아가지 않고 상품이 현금으로 돌아오지 않으면 생산은 중단되는 것이다. 유통은 생산보다 훨씬 힘들다. 이 마을기업의 주부들은 스스로 시장을 열었다. 몸으로 부딪혀 판로를 뚫었다.

　　나가노현의 이께다정池田町은 북알프스 지역 중에서도 특히 풍광이 아름다운 고장이다. 이께다정은 1990년부터 지역 활성화 사업의 소재로 허브를 활용하고 있다. 이른바 '꽃과 허브의 고장'이라는 테마였다. 라벤다, 에스토라곤, 로즈마리, 오레가노 등 수십여 종의 허브를 재배해서 가공품으로 만들어 판매하는 사업모델이었다.

　　이께다정에서 허브 사업을 추진하면서 허브 생산에 참여하는 농가들도 자연스럽게 늘어났다. 이께다정 허브센터는 이께다정 농가에서 생산한 허브를 가공해서 입욕제, 방향제, 허브 차, 가공품 등으로 만들어 팔았다. 관광객들을 위한 허브농원도 만들어서 생산, 가공 및 판매, 관광까지 추진했다.

허브 소비량 줄자, 판로도 막막해졌다

일반적으로 소비재의 수요가 늘면 우후죽순처럼 관련 업종이 생겨난다. 하지만 소비재는 근본적으로 유행에 민감하다. 시장이 커졌다가도 한순간에 거품이 빠지면 그대로 사그라진다. 시장의 생성기에 진출하면 수익을 낼 수 있지만, 이미 성숙기에 접어들었을 때 뛰어들면 아예 손을 털고 나오게 된다.

　허브도 예외는 아니었다. 이께다정 허브센터에서는 허브 가공품을 직접 판매하거나 인터넷 판매를 실시했다. 하지만 소비량이 기대치만큼 늘어나지 않았다. 지역 규모가 작기 때문에 내수內需는 적었고 대부분을 외부에 가져다 팔거나 지역을 찾아오는 방문객들이 사줘야 되는 상황이었다. 당시 이께다정에서는 '꽃과 허브의 고장' 테마사업에 맞춰 17개 생산조합에서 농민들이 허브를 재배하고 있었다. 하지만 허브 붐이 정점을 지나자, 재배농가에는 곧바로 타격이 왔다. 요리와 아로마테라피 등에 사용되는 일부 허브는 일정한 수요를 유지했지만, 나머지 품종은 남아돌기 시작했다.

　"어떻게든 사업을 유지하긴 했지만 수매량은 감소했습니다. 소비량이 당초 기대한 것만큼 늘지 않아서 허브 생산농가도 감소했습니다."

　나가노현 이께다정의 야마모토 토시히코 농림계장은 순식간에 허브 판매와 생산이 위축됐다고 설명한다.

주부모임, 몸소 시장에 뛰어들다

당장 농가에서 재배한 허브가 갈 곳을 잃었다. 당시, 이께다 상공회의 주부생활개선모임에도 허브 재배에 참여한 여성 농민들이 많았다. 그들은 고심에 고심을 거듭했지만, 대책이 나오지 않았다. 그래도 앉아있을 수만은 없다는 생각이 들었다. 가만히 있을 바엔 차라리 직접 소비자와 부딪혀보자는 아이디어가 나왔다. 어차피 손해 볼 것은 없었다.

마침내 1998년 주부들은 이께다정과 마쓰모토시松本市의 상점가에서 아침시장을 열었다. 상점가의 상인들도 아침시장과 같은 이벤트가 필요했다. 도심 공동화로 인구가 빠져나가 어려움을 겪던 상점가로서는 유동인구를 늘리기 위해서는 집객 포인트가 절실했던 상황이었기 때문이다. 상점가는 힘을 합쳐서 일을 해보자며 손을 내밀었고, 그렇게 해서 일주일에 세 차례 열리는 아침시장에 참여하게 되었다.

아침시장은 월, 수, 금 오전 9시부터 11시까지 열렸다. 이께다 상공회의 여성모임은 빈 점포를 빌려 20여 종의 허브를 지역민들에게 선보였다. 아침시장이 열리는 날은 제법 인파가 몰려들었다. 이로 인해 공동화되고 있는 상점가도 활기를 띠게 되었다.

그러나 화려한 겉모양만큼 매출이 늘지는 않았다. 소비자들의 반응은 기대만큼 뜨겁지 않았다. 식자재로서 허브는 주로 양식 요리에 많이 사용된다. 농촌에서는 가정에서 허브를 요리에 사용하는 일이 많지 않았다. 근본적으로 수요 자체가 적었던 것이다. 이것은 가격과 유통, 신선도의 문제가 아니기 때문에 시간이 지난다고 해서 판매량이 늘어날 것 같지 않았다. 사실, 농사만 짓던 주부들이 아침시

1   아침시장에 나온 소비자들.

2   농촌의 주부들은 허브의 판로를 뚫기 위해, 구도심 상점가에 아침시장을 열었다.

장을 연다는 것 자체도 쉬운 일은 아니었다. 어렵게 시작했던 만큼 아침시장이 벽에 부딪히자, 더 막막해졌다. 그들은 그 시점에서 주저앉아야 되나 고민도 많이 했다고 한다.

'이 때가 가장 힘들었다. 보통 농촌에서 3년 정도 하다가 실패하면 포기하는데, 우리는 포기하지 않고 끝까지 노력했던 게 나름대로의 결실을 본 것 같다.'라며 소데야마 미쓰요袖山光代 회장이 당시를 떠올리며 말했다. '수요가 없다면 수요가 있는 곳을 찾아가자'는 일념으로 이번에는 관광지 호텔과 레스토랑 및 펜션 등에 허브를 납품해야겠다고 결심한 것이다.

마을기업, 지역산업과 손잡다

원래 주부생활개선모임은 마을기업 '킨노스즈 마고코로까이金の鈴まごころ会'의 모체였다. 그들은 농촌의 생활여건을 개선하면서 허브를 이용해 생활에 도움이 되는 방법을 연구하고 실행에 옮기는 활동을 하고 있었다. 특히 당시에는 가족들에게 먹이고 싶은, 맛있고 안전한 음식을 만드는 방법을 연구했다. 그러면서 2000년에 70명의 주부생활개선모임 구성원들을 주축으로 '킨노스즈 마고코로까이'를 조직했다.

킨노스즈 마고코로까이는 양식을 제공하는 레스토랑에서 분명 허브의 수요가 있을 것이라 판단했다. 마침, 부근의 한 상점에서 인터넷에 올린 글이 물꼬를 텄다. 마쓰모토시松本市에서 아침시장을 담당하고 있는 나까야마 미도리中山みどり씨는 '우리가 아침시장을 여는 것을 보고 한 상점 주인이 마을 주부들이 싱싱한 허브를 재배하는데 판매할 방법이 없어서 고민하고 있다는 글을 인터넷에 올린 일이 있

었는데, 그걸 보고 인근 호텔에서 관심을 갖게 되었다'고 당시 상황을 설명했다.

2001년 소데야마 미쓰요袖山光代 회장은 이께다정에서 70킬로미터 떨어진 하쿠바촌白馬村의 북알프스 주방장협회이 지역 호텔과 레스토랑의 요리사 모임이다.에 허브를 갖고 방문했다. 하쿠바촌은 스키관광으로 유명한 곳인데, 그곳은 당시 스키 붐이 잠잠해지고 관광객들의 발길이 끊어지면서 관광산업의 어려움을 겪고 있었다. 그 여파로 줄줄이 레스토랑과 펜션이 문을 닫고 있었다. 때문에 이곳의 주방장들은 특색 있는 음식을 개발해서 관광객을 유치해보겠다며 메뉴개발에 열을 올리고 있었다.

소데야마 회장은 올해 일흔 살로 농업 외에는 다른 분야의 활동 경험이 거의 없다. 하지만 발로 뛰는 것은 자신이 있었다. 그는 북알프스 주방장협회 모임에 참석해서 '이께다정에서는 주부들이 신선하

킨노스즈 마고코로까이는 농산물 유통에서 농상 연대라는 새로운 시도를 인정받아 2008년 일본 농림성의 '일어서는 농산어촌'에 선정되었다.

마을기업 희망 공동체: 농촌을 살리는 대안 경제

고 영양가도 많은 허브를 재배하고 있다. 이들이 재배한 허브를 호텔 요리에 사용하면 어떠냐'고 제안했다. 이를 듣고, 요리사들은 지역농가에서 재배한 식재료를 사용한 메뉴를 선보이면 가격이나 신선도에서 유리할 수 있겠다고 판단했다. 서로의 이해관계가 맞아떨어진 것이다.

"타이밍이 기가 막히게 좋았습니다. 대화를 통해 주방장협회에서도 우리를 원하고 있었다는 것을 알게 됐습니다."

소데야마 회장은 운이 따라줬다고 말한다. 더구나 지산지소 바람이 불면서 해당 지역에서 생산된 농산물

소데야마 미쓰요 회장.
정직함과 성실성으로 '킨노스즈 마고코로까이'를 우직하게 이끌어오고 있다.

이 가격과 유통, 위생 및 지역 경제 측면에서 장점이 많다는 사실이 알려지고 있었다.

그는 허브를 레스토랑에 공급하면 일이 곧바로 풀릴 줄 알았다. 하지만 여기에도 장애물은 있었다. 주방장들이 요구하는 허브와 농가에서 재배한 허브의 수급이 맞지 않았기 때문이다. 주방장협회에서 요청한 허브를 공급하려면 재배에서 최종 출하까지 일 년 가까이 걸리는 품목도 있었다. 신선한 상태를 유지해서 출하하려면 배달 전문 인력도 필요했다.

게다가 대부분의 농가들은 호텔 레스토랑에 내놓을 만큼 고품질

의 허브를 일 년 내내 재배할 자신이 없었다. 호텔과 레스토랑에서 원하는 품종을 원하는 만큼 공급할 엄두가 나지 않았던 것이다. 이런 이유로 초기 단계에서 많은 농가들은 참여하기를 주저했다. 그러자 주방장협회에서 뜻밖의 제안을 내놓았다. 농가에서 재배하기 좋은 시기에 키운 허브를 납품해도 좋다는 것이었다. 주방장협회도 자기들만의 입장을 고집해서는 이 거래가 성사되기 어렵다고 본 것이다. 주방장협회에서 호의적으로 나오면서 2002년부터 농가에서 계절별로 그 시기에 자신들이 재배하는 허브를 공급할 수 있는 길이 열렸다. 주로 사용하는 허브는 민트, 셀휘유, 챠이브, 이탈리안 파세리, 시브렛토, 바질 등으로 샐러드와 토핑에 사용되는 식재료였다. 킨노스즈 마고코로까이의 나카야마 미도리中山みと哩씨는 '만약 호텔, 펜션 등지에 허브를 납품하지 못했다면 허브 재배는 중단됐을지도 모른다. 지금 우리 주부들이 계속 허브를 재배할 수 있는 것은 주방장협회와 연계가 이뤄졌기 때문이다.' 라고 말했다.

일반 유통업체에서 공급한 허브와 비교해보면, 킨노스즈 마고코로까이의 허브는 '모양이 고르지는 않지만, 신선하고 맛있다'는 평가를 받는다. 또한 그날 수확한 것을 가져오기 때문에 수분이 많고 영양가도 파괴되지 않아 인기를 얻고 있다. 이런 입소문을 타면서 허브를 납품받는 호텔과 펜션은 10개소로 시작해 현재는 35개소로 늘어났다.

허브 물꼬 트고, 다른 농산물도 확대하고

허브를 호텔에 납품하던 초창기 주부들에게는 애환이 있었다. 매일 허브를 배달한다는 것이 말처럼 쉬운 일은 아니었다. 호텔 레스토랑

고품질의 허브를 공급하기 위해 이 마을기업은 수시로 재배 강습회를 열었다. 여기에 호텔 레스토랑의 주방장들도 참석하여 주부들에게 요구 사항을 전달하기도 한다.

이라고 해도 날마다 수백 킬로그램의 허브를 식재료로 사용하는 것은 아니었다. 주문을 받는 것은 50그램, 100그램 정도의 소량일 때도 적지 않았다. 그것을 운반하기 위해서 농가의 주부들은 한겨울에도 트랙터를 움직였다. 30킬로미터 이내까지는 직접 주부들이 차를 운전해 허브를 배달했다.

이런 사실을 알게 된 호텔 측에서 개선방안을 내놓았다. 허브 외에도 주부들이 납품할 수 있는 농산물을 늘리겠다는 것이었다. 주부들은 이곳의 수질환경이 좋기 때문에 쌀의 품질이 우수하다며 쌀을 받아줬으면 좋겠다는 뜻을 전달했다. 그 결과, 쌀은 물론 계절별 채소와 과일까지 공급할 수 있게 됐다. 그들은 현재 쌀, 버섯, 계란 등 100여 종류의 농산물을 호텔과 펜션 등에 납품하고 있다.

킨노스즈 마고코로까이는 직접 판매를 하기 때문에 중간 마진이 없다. 농가는 비싸게 팔고 호텔은 싸게 살 수 있다. 일단 직거래가 이뤄지면 서로에게 이득이 된다. 지금은 주방장협회 회원들이 주부들의 허브 밭에 찾아가서 야채와 허브의 생육상황을 살펴본다. 그리고 재배계획을 함께 세워 호텔이 요구하는 작물을 재배하는 수준으로까지 양측의 협업관계가 발전되었다.

농상 연대, 마을기업의 성공기반이 되다

최근에는 지역의 호텔과 온천장 등에서 지역 식재료를 요리에 사용하는 것이 드문 일이 아니다. 하지만 주부들이 하쿠바촌의 호텔에 허브를 납품했던 때만 해도 아직 일반화되지 않았던 시기였다. 때문에 이 사실은 여행정보지 등에도 실리고 입소문을 타면서부터 널리 알려지게 됐다. 그러면서 인근의 마쓰모토, 하쿠바, 도쿄 등지 레스토랑과 식당에서도 주문요청이 들어왔다. 킨노스즈 마고코로까이는 이제 나가노현의 호텔, 레스토랑, 식당 등에는 없어서는 안될 귀한 존재가 됐다.

하쿠바촌의 관광사업은 지역 식재료를 사용한 호텔 요리로 큰 도움을 얻게 되었다. 농가 주부들로 구성된 킨노스즈 마고코로까이와 하쿠바촌의 북알프스 주방장협회의 연계가 좋은 결실을 가져온 것이다. 이처럼 농업이 지역의 상업과 연계함으로써 킨노스즈 마고코로까이는 연간 1천백만 엔에 가까운 매출을 올리고 있다. 또한 레스토랑과 호텔의 요청을 받아들여 계약재배 물량을 늘려가고 있다.

농업의 6차 산업화는 농가가 생산한 농산물을 가공해서 판매하는 3단계로 이뤄져 있다. 이를 통해 가공 직거래로 새로운 부가가치가 창출되고 농가 수입은 1차 산업과는 비교할 수 없을 만큼 늘어나게 된다. 현재 킨노스즈 마고코로까이의 허브 판매에서 호텔과 레스토랑 납품이 차지하는 비중은 90퍼센트가 넘으며, 아침시장은 10퍼센트 정도이다. 카쓰야마 타카유키勝山隆之 이께다정장은 '이께다정에서 생산된 허브와 농산물을 인근 호텔과 레스토랑에 납품하는 것은 지산지소로 연결되기 때문에 대단히 의미있는 노력'이라고 평가하고 있다.

킨노스즈 마고코로까이가 주목받는 것은 지역의 3차 산업과 적극적인 연계망을 구축했다는 점에 있다. 마을기업이 지역 산업과 손을 잡으면 지역 내 경제의 파급효과도 커지고 쌍방이 안정적인 수급과 유통망을 유지할 수 있다. 하쿠바의 호텔과 펜션 등지에서 초기에 원하는 품종을 얻을 수 없다며 포기했거나 주부들의 고충을 해결

허브를 이용한 요리 강습회에는 호텔 주방장들이 강사로 참여하고 있다. 일반 주부들에게 허브 요리를
소개해서 허브의 소비촉진을 도모하고 있다.

해주려는 노력을 하지 않았다면 주부들과의 협력은 오래가지 못했을
것이다. 결국 상생하겠다는 의지가 장기적으로 양측에 더 큰 이익을
가져다준 것이다.

킨노스즈 마고코로까이는 설립된 지 10년이 넘었지만, 아직 변
변한 사무실조차 없다. 이께다 상공회 사무실에 팩스 한 대만 설치해
서 주문을 받고 있다.때문에 이 인터뷰도 이께다정의 관광추진본부에서 이뤄졌다.
이들은 허브의 소비를 늘리기 위한 수요를 발굴하기 위해 1년에 서
너 차례씩 호텔의 주방장들을 강사로 초청해서 주부들을 대상으로
허브 요리법을 강의하고 있다.

소데야마 미쓰요 회장은 허브 재배 농가가 더 늘어났으면 좋겠
다고 말했다. 이께다정의 농업이 되살아나 모두가 계속 열심히 농업
에 종사할 수 있기를 바란다는 소박한 희망을 전했다. 투박한 손과
햇볕에 그을린 얼굴 그리고 질문 하나에도 정성을 다하는 자세에서
그의 진심이 느껴졌다. 그런 진정성이야말로 주부들이 온몸을 던져

새로운 시장을 개척하게 만든 원동력이었을 것이다.

우리 마을 포인트
1. 시장을 개척할 수 있었던 것은 '주부들의 적극적인 의지'가 있었기 때문에 가능했다. 자치단체에서 허브의 수매량을 줄이면 주부들도 허브 생산량을 줄이거나 아예 재배를 중단할 수도 있다. 하지만 주부들은 스스로 판로를 뚫기 위해 아침시장을 열고, 호텔과 레스토랑의 주방장협회를 방문하는 등 온몸을 던져 시장개척에 뛰어들었다.

2. 몸소 부딪히며 지역과 연대해서 해법을 찾았다. 아침시장을 연다고 했을 때, 상점가의 상인들은 아침시장에 소비자들이 몰리면 상가 활성화에도 도움이 된다며 반겼다. 지역 호텔과 레스토랑에서도 지역 식재료를 사용하면 저렴한 가격에 신선한 식재료를 확보할 수 있다고 믿었기에 손을 잡았다. 먼 곳에서 해법을 찾았다면 여러 가지 외부 조건에 의해서 지속되기 어려웠겠지만, 같은 지역에서 상생할 수 있는 모델을 찾은 것은 대단히 현실적이고 시의 적절했다.

3. 성실한 품질관리를 통해 허브 외에도 다양한 품목으로 농산물 공급량이 확대됐다. 호텔과 레스토랑에서는 주부들의 성실성을 믿고 이들과 함께 계약재배까지 하게 됐다. 또한 허브만 가지고는 수익성이 충분치 않다고 판단해서 다른 농산물까지 납품하도록 배려해줬다. 도농교류가 안고 있는 어려움은 주문과 공급의 불균형과 품질관리 등이다. 킨노스즈 마고코로까이는 이런 과제를 여성 특유의 성실성으로 극복했다.

킨노스즈 마고코로까이
주소 나가노현 이께다정 이께다 4169-3번지
설립 2000년
원천소재 허브, 농산물
경쟁력 시장개척을 위한 적극적인 의지와 노력

애물단지 휴경논이
농촌을 살렸다!

NPO법인 에가오 쓰나게테 | 야마나시현 호쿠토시

일본의 농촌에서는 고령화와 과소화가 진행되면서 휴경논이 넘쳐나고 있다. 농촌을 지탱해온 농지가 사라지게 되면 농촌공동체의 기반은 무너지게 된다. NPO법인 에가오 쓰나게테는 현재 일본에서 농촌 활성화의 새로운 모델로 가장 주목을 받고 있는 단체이다. 천덕꾸러기였던 휴경논이 어떻게 농촌을 살리는 효자가 됐을까.

자그마한 체구의 소네하라 히사시曾根原久司 대표는 누가 봐도 마음씨 좋은 동네 아저씨 같은 인상을 하고 있다. 만화영화의 주인공처럼 미소 짓는 이 사람은 농촌 활성화의 새로운 모델을 입증하여 혜성처럼 등장한 인물이다. 2001년 소네하라 대표가 중심이 되어 설립한 NPO법인 '에가오 쓰나게테'는 야마나시현山梨県의 호쿠토시北杜市에 자리 잡고 있다. 현재 사무실로 사용하고 있는 농가건물은 일본 전역에서 견학 온 사람들로 그야말로 문턱이 닳을 지경이다. 소네하라 대표는 전국을 돌며 자신이 발굴한 농촌자원을 활용한 농촌 활성화 모델을 전파하고 있다.

소네하라 대표는 1961년 나가노현에서 태어났다. 그는 1960년 대 일본의 고도 성장기에 대기업의 하청공장이 지역에 들어서며 농촌 경제가 빨려 들어가는 과정을 지켜봤다. 대학을 졸업하고 1994년에는 금융 컨설팅 회사를 창업했다. 이를 통해 당시 일본의 거품경제가 붕괴되는 것을 현장에서 목격하며, 일본경제가 얼마나 취약한가를 몸소 실감했다.

"일본의 식량자급률은 40퍼센트 밖에 되지 않습니다. 목재자급률은 20퍼센트, 에너지 자급률도 4퍼센트에 불과하기 때문에 외부 의존형이 되어 외부환경에 대단히 취약한 구조입니다. 저는 농촌자원을 활용하면 이와 같은 일본경제에 새로운 돌파구가 될 수 있겠다는 생각을 했습니다."

소네하라 대표가 힘을 주어 말했다. 그는 농촌자원에서 새로운 고용을 창출할 수 있는 가능성을 확인했던 것이다. 농촌에서 나고 자랐던 그는 그 누구보다 농촌에 대한 생리와 환경을 잘 알고 있었다.

소네하라 히사시 대표. 농촌자원을 소재로 한 수익모델을 개발하는데 탁월한 능력을 발휘하며 일본 농촌 활성화의 전도사로 큰 주목을 받고 있다.

그렇기 때문에 농촌자원과 도시민을 연결하면 답이 나오리라 믿었고 확신했다. 주저함 없이 선택을 시도할 수 있었던 것 또한 그의 집념과 다부진 자신감으로 비롯된 결과였다. 그렇게 신중한 고민 끝에 선택한 곳이 바로 야마나시현이었다.

5년의 귀농생활 실험보고서

1995년 가을, 소네하라 대표는 야마나시현으로 이주했다. 집을 짓고 100평의 농지를 빌려 자급에 필요한 농작물을 재배했다. 쌀농사도 지었다. 본격적인 도농교류를 하려면 본인이 직접 부딪혀서 몸으로 깨우치지 않으면 안된다고 판단했다. 이때의 귀농경험은 그가 도농교류 프로그램을 진행하는데 소중한 밑거름이 되었다.

그는 귀농지역을 정하는 것부터가 마을기업으로 가는 첫걸음이라고 주장한다. 때문에 귀농지역으로 고향인 나가노현, 수도권인 치바현, 사이타마현, 토치기현 등의 후보지역을 놓고 오랫동안 고심했다. 생각 끝에 그는 야마나시현으로 결정하게 되었다. 그렇게 선택한 이유는 다른 지역과 비교했을 때, 야마나시현의 아이템이 풍부할뿐더러 배후에 거대한 소비시장을 두고 있기 때문이었다.

"야마나시현에는 마을기업에서 소재로 사용할 수 있는 농촌자원이 많습니다. 또한 도쿄에서 두 시간 정도 떨어져 있기 때문에 도농교류를 하기에는 최적지라고 판단했습니다."

야마나시현은 일본에서 일조 시간이 가장 길기 때문에 태양광발전의 적지이고 미네랄워터의 시장 점유율이 전국의 30퍼센트에 이른다. 또한 후지산富士山과 남알프스라고도 불리는 미나미 알프스

南アルプス 등의 빼어난 자연경관 자원이 있다. 또한 그곳은 휴경논의 천국이기도 했다.

농민들은 외지인에게 선뜻 농지를 빌려주지 않는다. 이런 특성을 알고 있던 소네하라 대표는 농지를 빌리기 위해 농촌의 자치조직인 쿠미組, 조에 들어가 2년 동안 쿠미쵸組長, 조장로 마을의 궂은일까지 애써 도맡았다. 농지를 빌리기 위해서였지만, 근본적으로는 농민들과 먼저 신뢰를 쌓기 위한 목적이 더 컸다. 벌채를 해주는 대신 목재를 무료로 받아서 땔감용 장작을 팔기도 했다.

"야마나시현은 도쿄와 가깝기 때문에 투기 목적으로 임야를 샀다가 한 번도 와보지 않는 도시의 산주인들이 있었습니다. 전화를 해서 벌채를 해줄 테니, 대신 벌채한 목재는 공짜로 주면 어떻겠냐고 했더니 어서 가져가라고 하더군요."

이렇게 얻은 장작을 별장 거주민들에게 팔기도 했고, 장작패기 체험 프로그램을 운영하기도 했다. 그는 1995년에 귀농을 해서 5년 만에 천만 엔에 가까운 수익을 올렸다. 음식과 에너지를 자급할 수 있어 안정적으로 소득도 올릴 수 있게 됐다. 이러한 활동이 소문나면서 뜻을 함께하는 사람들이 각 지역에서 하나 둘씩 모여들었다. 마침내, 그는 이 경험을 바탕으로 하여 2001년, NPONon-Profit Organization, 민간 비영리 단체법인을 만들었다. 그가 설립한 NPO법인 '에가오 쓰나게테えがおつなげて'는 도시와 농촌 교류를 통한 농촌 활성화라는 목적에 기반하고 있다.

그들은 이곳에서 초중학생과 부모를 대상으로 한 달에 두 차례 농촌 작업 체험 캠프를 열었다. 도시 농산촌 교류캠프, 임업에 종사하는 일손 돕기, 된장 만들기 등의 행사도 개최했다. 농협과 손을 잡

시골의 농가를 빌려 개조한 사무실. 일본 각지에서 NPO법인 에가오 쓰나게테를 배우려는 행렬이 줄을 잇고 있다.

고 버스투어도 실시했다. 반응은 뜨거웠기 때문에 활동에도 굉장한 탄력이 붙었다.

'휴경논 개간을 무급으로 도와줄 젊은이를 찾습니다!'

"소네하라 대표님, 마스토미增富 마을이 10년 안에 없어질 것 같습니다. 지금 하고 있는 활동을 마스토미 마을에서 해주실 수는 없겠습니까?"

도농교류의 성과가 서서히 드러나자, 하루는 호쿠토시北杜市 공무원이 찾아와서 제안을 했다. 마스토미 마을을 살려달라는 것이었다. 이 마을의 고령화율은 62퍼센트, 휴경논 비율도 60퍼센트가 넘었다. 10년 동안 100호에 가까운 농가가 떠난 이 마을 공동체는 바람 앞에 등불 같은 신세였다.

마스토미 마을에서 에가오 쓰나게테는 넘쳐나는 휴경논에 승부를 걸었다. 야마나시현의 경작방치율은 전국 2위, 마스토미 마을이 있는 호쿠토시는 800헥타르의 농지가 방치되어 야마나시에서 방치율이 가장 높았다. 마스토미 마을을 살리기 위해서 소네하라 대표는 여러 농촌자원이 있지만, 휴경논에서 답을 찾기로 했다.

2004년, 도시 젊은이들을 대상으로 휴경논을 개간하는 작업에 참여할 자원봉사자를 모집한다는 기획을 시작했다. 휴경논의 억새풀이 성인의 신장보다 높게 자라서 사람이 비집고 들어가기도 어려운 상태였다. 그곳이 논이었다는 것을 도저히 상상할 수조차 없었다. 이러한 휴경논을 돈도 받지 않고 자발적으로 고생해가며 개간할 자원봉사자를 찾는다는 것이었다.

이런 황당한 사업에 참여할 젊은이들이 있을까? 소네하라 대표와 에가오 쓰나게테 관계자들도 확신하기는 어려웠다. 하지만 예상은 완전히 빗나갔다. 막상 신청을 받아보자, 전국에서 500명의 젊은이가 몰려왔다. 취직을 하지 못하고 있던 젊은이들은 농촌으로 달려와 스스로 밥을 해먹어가며 휴경논 개간에 참여했다. 놀랍게도 62퍼센트가 여성이었다. 형태를 알아보기 어렵던 휴경논이 자신들의 힘으로 뒤바뀌는 것을 보고, 젊은이들은 각박한 도시생활과 구직의 스트레스에서 벗어나 뿌듯한 성취감을 맛보았다.

"그 전에는 나를 위해서 농사를 짓고 살았죠. 하지만 지금은 마을을 위해서 뭔가를 하고 농사를 지어야 된다는 생각을 하게 됐습니다."

마쓰오 노리유키씨는 본래 에가오 쓰나게테에 자원봉사자로 참여했다가 이 마을에 정착했다. 그는 2년 동안 자원봉사자로 활동했다. 농촌에서 땀을 흘리며 지낸 시간동안 마을과 공동체에 대해서 다시 생각하게 됐다고 한다.

2004년 당시 일본 정부가 실시했던 도시 주민 의식조사 결과를 보면, 20대와 50대에서 농촌으로 돌아갈 의향이 있다는 답변이 가장 많이 나왔다. 특히, 농촌에 가서 살겠다는 20대의 비율은 38퍼센트를 기록했다. 휴경논은 농촌 사람들에게는 단지, 놀리는 땅이었지만, 도시에 살면서 농업을 간절히 생각해온 사람들에게는 동경의 땅이었던 것이다. 스스로 황무지를 개간해서 작물을 재배하고 수확하는 것은 꿈같은 일이었다. 이렇게 해서 3년 동안 그들이 개간한 농지는 3헥타르에 이른다. 도농교류와 휴경논 개간에 참여하기 위해서 이제까지 2천5백 명의 도시민이 이 마을을 다녀갔다.

한적했던 시골마을에 수천 명의 도시민들이 방문하면서 식당과 숙박시설은 그 덕을 톡톡히 봤다. 마스토미 마을에서 소바집을 운영하는 후지하라 토미씨는 에가오 쓰나게테 덕택에 마을에 활기가 넘친다고 자랑을 늘어놓았다.

"전에는 젊은 사람들이 모두 마을을 떠났죠. 일자리를 찾아서요. 하지만 에가오 쓰나게테의 활동으로 젊은 사람들이 이 시골마을에 다시 들어오게 되서 참 좋아졌죠."

NPO법인 에가오 쓰나게테의 소네하라 대표는 '농촌에는 토지, 삼림 등의 자원이 풍부하지만 그것을 활용할 사람이 없고 도시에는 농업을 하고 싶은 사람은 많지만, 그게 가능한 장소와 노하우가 없다. 이것을 확실하게 연결한 것이 최대 성공요인이다.' 라고 설명했다.

휴경논은 기업연계의 새로운 수익모델

도시의 많은 방문자들이 와서 휴경논 개간과 농작업 체제도 확립됐지만, 큰 문제가 있었다. 수익이 나지 않는 것이었다. 그들은 어디까

1   휴경논 개간에 참여한 자원봉사자들은 큰 보람을 느끼고 돌아간다.

2   휴경논은 도저히 논이라고는 생각할 수 없을 만큼 방치되어 있었다. 갈수록 늘어나는 휴경논은 일본 정부에게 큰 골칫거리다.

지나 자원봉사자였다. 직장이 없어 찾아온 젊은이들에게 돈을 받을 수 없는 노릇이었다. 자원봉사자가 참여해서 휴경논을 개간하는 프로그램이지만, 사업을 유지하려면 적잖은 운영경비가 필요했다. 이대로 계속하면 에가오 쓰나게테는 재정적으로 큰 어려움에 처하고 사업도 지속하기가 어렵게 될 상황이었다.

에가오 쓰나게테는 고민 끝에 이 사업을 기업으로 확대했다. 그래서 2005년 기업과 연계해서 휴경논을 개간하는 새로운 수익모델을 발굴했다. 놀리는 논을 기업이 빌려 개간을 하고 곡식을 심는다. 파종에서 수확까지 필요할 때 참여하고, 중간에는 에가오 쓰나게테의 스텝들이 농작물을 관리해준다. 수확한 농산물은 전량 기업이 매입해서 제품의 원재료로 사용한다. 에가오 쓰나게테는 농산물을 판 돈으로 휴경논 주인에게 임대료를 내는 방식이다.

이런 형태의 사업은 특히 식품계열 기업들과 딱 맞았다. 실제로 야마나시현에 있는 화과자 회사에서는 종업원들을 개간에 참여하도록 해서 이 지역의 토종 종자인 청대두靑大豆와 하나마메花豆를 재배했다. 이 청대두를 재료삼아 과자와 케이크를 만들어서 판매했다. 종업원들은 원재료부터 자기 손으로 가꿨기 때문에 어느 때보다도 진지하게 상품개발에 참여했고 케이크는 히트 상품이 됐다.

에가오 쓰나게테는 이처럼 기업들와 연계해서 경작하는 논을 '에가오えがお 농장'이라 부른다. 5헥타르 규모의 에가오 농장은 기업 농장과 어린이들의 체험농장으로 활용하고 있다. 에가오 농장을 담당하고 있는 사이토 아이시씨는 '미쓰비시 지쇼 직원들이 사회봉사 활동에 참여했고, 이 지역 제과점에서는 농업체험을 하면서 농작물을 재배하고 원료를 조달한다. 기업과의 연계 프로그램으로 지금은

| 마을기업 희망 공동체: 농촌을 살리는 대안 경제

일곱 개 회사가 참여중'이라고 설명해주었다.

　대표적인 기업이 (주)미쓰비시 지쇼三菱地所 이하 '미쓰비시 지쇼'로 통일이다. 이 회사는 2008년부터 '하늘과 땅 프로젝트'를 추진했다. 휴경논 개간 투어, 간벌 체험 투어, 농업체험, 가족투어, 된장 만들기 등의 프로그램을 운영하는 것이다. 이 기업의 직원들은 휴경지를 개간하는 작업에 참여해서 질긴 억새 뿌리를 캐내며, 동료 간의 연대감을 키우고 자연과 땅의 의미를 생각하게 된다. 신입사원 연수와 직원 교육에 이보다 더 좋은 프로그램은 없었다.

　또한 이 회사가 관리하는 아파트 거주자들을 대상으로 '모내기 체험 투어'를 실시하기도 했다. 이를 두고, 미쓰비시 지쇼의 CSR Corporate Social Responsibility, 기업의 사회적 책임추진부의 미즈타 히로코씨는 '도시에 살아서 농촌을 잘 모르는 회사 직원들이 고령화가 진행되고 있는 휴경논에서 땀을 흘리고 주민들과 교류하면서 농촌과 자연을 이해하고 농촌에 공헌한다는 취지'라고 설명한다.

휴경논을 개간해서 곡식을 가꾸며 도시민들은 도시생활에서는 얻기 힘든 기쁨을 맛보았다. NPO법인 에가오 쓰나게테의 휴경논 개간은 농촌으로 회귀하려는 도시민들의 잠재의식을 겨냥한 것이다.

지역과 기업 연계는 공장유치보다 중요해!

야마나시현의 임업률은 일본 국내에서 5위를 차지하지만, 임업 경영체 수는 47개 도도부현都道府県 가운데 39위에 그칠 정도로 산업화 수준은 취약했다. 소네하라 히사시 대표는 이 임산자원을 미쓰비시 지쇼 그룹에서 활용할 수 있는 방안을 고심했다. 그 결과, '하늘과 땅 프로젝트'에 야마나시현의 임업자원을 사용해서 제품을 만드는 계획이 포함됐다.

미쓰비시 지쇼 그룹은 부동산을 토대로 한 개발업자 그룹이다. 이 가운데 미쓰비시 지쇼 홈은 국산 목재의 활용도를 높이는 방안을 찾고 있었다. 당시 미쓰비시 지쇼 그룹의 직원들은 이곳에서 간벌 체험에 참여하며 야마나시현의 임산자원이 풍부하다는 것을 몸으로 경험하고 있었다.

마침내 2011년 8월, '미츠비시 지쇼', '미츠비시 지쇼홈', '에가오 쓰나게테', '야마나시현'의 네 기관 대표가 모여서 야마나시현에서 나오는 목재 이용을 확대하는 협정이 체결됐다. 이 협정에 의해 야마나시현에서 생산된 목재를 미쓰비시 지쇼 홈이 건설하는 단독주택의 들보용 목재나 마루용 목재 등으로 활용할 수 있는 길이 열렸다.

그동안 놀리고 있던 지역의 임산자원이 NPO법인 에가오 쓰나게테를 통해 산업화되는 길이 열린 것이다. 소네하라 대표는 이같은 형태의 농촌과 기업의 연대가 맹목적인 공장, 기업유치보다 훨씬 중요하다고 믿고 있다. 공장은 대내외적인 기업환경에 따라서 언제라도 문을 닫고 다른 지역으로 떠날 수 있다. 공장이 잘 되더라도 그 지역의 농업과 임업은 사람이 없어서 쇠퇴할 수 있다. 대기업의 하청공장이 고향에 들어서면서 농촌이 자생력을 잃는 것을 지켜봤던 소네하라 대표는 기업유치의 문제점을 비판적으로 바라보게 됐다.

"지역에 뿌리를 둔 산업과 기업이 연계됐을 때, 사업의 지속 가능성이 커질 수 있고 지역과 기업도 살 수 있다고 생각합니다."

소네하라 대표가 휴경논 개간의 참여자들을 젊은이에서 기업으로 전환한 것은 일반 소비자에게만 기대는 것이 한계가 있다고 본 것이다. 사업의 지속성을 위해서는 기업과의 파트너십을 조성해서 산업으로서의 기반을 안정화하는 것이 중요하다고 판단한 결과다. 현재 내각부內閣部의 지역활성화 전도사로도 활동하고 있는 소네하라 히사시 대표는 마을기업을 성공으로 이끄는 6가지 철칙을 다음과 같이 설명한다.

"첫째, 우선 시작하세요! 둘째, 작지만 즐길 수 있는 모델을 만들어서 계속 홍보하세요. 셋째, 가족의 동의를 얻고 동료를 모아 네트워크를 구축하세요. 넷째, 상품 판매에 이벤트를 활용하세요. 다섯째, 참고 견디면 복이 옵니다! 마을기업이 그 마을의 자랑이 될 때까지 꾸준히 노력하세요. 여섯째, 농촌 비즈니스맨의 사고법思考法을 기르세요."

가장 핵심적이고도 적확한 마을기업 성공 비법에 관한 이야기는 마지막 7부에서 좀 더 자세히 살펴보도록 하겠다. 소네하라 대표는 본인의 경험을 바탕으로 도농교류를 통한 연계적 발전성을 미리 내다보는 사람이었고, 그의 굽히지 않는 열정과 패기는 도시의 많은 농촌 관심자들을 농촌 현장으로 불러들이는 가교 역할을 했다는 데서 의미 있는 성과를 거뒀다고 볼 수 있다. 그는 창업의 실패와 성공, 기업의 운영과 실제를 몸소 익힌 그대로 농촌이라는 캔버스에 자신의 그림을 역량껏 그려내었다.

1. 마을기업을 시작하기 전에 지역주민들과 5년 동안 함께 활동하며 신뢰와 공감대를 얻어 사업의 발판을 마련했다. 외부인들에 대해 이질감을 갖고 있던 마을 주민들과 함께 호흡하며 그들로부터 농촌마을의 구성원으로 인정받았다.

2. 대개 마을기업이 그 지역의 향토음식과 농산물 등을 소재로 하지만, 이 마을기업은 일본 어디에나 있는 휴경논을 부가가치의 원천으로 개발했다. 돌멩이 하나, 풀포기 하나도 새로운 부가가치로 연결시킬 수 있다는 점을 보여주고 있다. 이는 농촌자원의 잠재력을 입증한 결과이다.

3. 시대의 흐름과 사회적 수요를 정확히 파악했다. 자원이 넘쳐나지만, 사람이 없는 농촌과 갈 곳이 없는 도시의 청년과 농촌이 필요한 기업을 이어줌으로써 안정적인 사업모델을 발굴할 수 있었다. 도시에 살고 있지만, 귀농과 귀향에 대한 수요가 있다는 사회적 트렌드를 바탕으로 도쿄에서 두 시간 권에 사업지역을 설정한 감각도 돋보였다.

4. 지역자원을 연계할 수 있는 기업과 접점을 찾아서 사업을 안정적인 구도 위에 올려놓았다. 지역과 아무 관련도 없는 기업유치가 아니라, 지역 산업과 관련 있는 기업을 연계시킴으로써 사업이 장기간 지속될 수 있는 구조를 갖췄다. 농촌자원을 이용해 마을기업과 접점을 찾을 수 있는 기업을 발굴해서 사업을 확대해나간 것이다.

NPO법인 에가오 쓰나게테

주소 야마나시현 호쿠토시 스타마쵸 마묘우다 1175번지
설립 2001년
원천소재 휴경논, 농촌 환경
경쟁력 도농교류 사업모델
홈페이지 www.npo-egao.net

산골 겨울 떡의
화려한 변신

쇼쿠사이코우보 타테야마 | 도야마현 타테야마쵸

시골에 전해 내려오는 전통음식이 화려하게 탈바꿈했다. 전통의 바탕 위에 현대적인 감각이 얹어졌다. 전통과 전통을 결합한 아이디어 상품도 개발됐다. '맛'은 물론이거니와 '보는 즐거움'까지 가미해서 지역을 알리는 일등공신 노릇도 했다. 이것은 농한기에 할 일이 없을까를 고민하던 주부들의 노력이 빚은 작품이다.

도야마현富山県은 일본의 서해안에 접해있는 지역이다. 내륙지방은 3천 미터 높이의 타테야마 산맥이 병풍처럼 두르고 있다. 국제산악 관광루트인 타테야마 구로베 알펜루트로도 유명하다. 타테야마쵸立山町는 이와 같은 웅장한 봉우리에 둘러 싸여 있는 인구 2만 7천 명의 작은 자치단체이다.

필자는 도야마 공항에 내려 자동차와 전철을 갈아타고 한 시간을 달려 찾아갔다. 그림처럼 펼쳐진 타테야마 산맥을 배경으로 '쇼쿠사이코우보食彩工房 타테야마' 공장이 도로변에 아담하게 자리 잡고 있었다. 농사조합법인 쇼쿠사이코우보 타테야마는 이름에서부터 큰 호기심을 유발시켰다. 식食 +채彩 + 공방工房의 세 가지가 어우러진 마을기업은 과연 어떤 모습일까?

쇼쿠사이코우보 타테야마는 일찍이 '칸모치寒餅'의 특산화에 뛰어든 마을기업이다. 칸모치는 이름에서 알 수 있듯이 겨울에 만드는 떡이다. 이것은 아주 추운 날씨에 건조시켜 완성한다. 과거 농촌에서 만들어놓았다가 간식으로 구워 먹던 전통음식의 하나이다.

특별한 칸모치의 세 가지 비밀

예로부터 도야마 지방에서는 쌀과자를 카키모치라고 한다. 칸모치는 여기에서 출발해서, 지역에 따라서는 코오리모치凍餅 등으로도 불린다. 모두 추운 겨울에 먹는 떡이라는 뜻이 담겨있다. 한겨울에 찬물로 떡을 쳐서 찬 공기에 건조시켜 찹쌀의 단맛과 담백함을 끌어내는 것이 특징이다.

쇼쿠사이코우보 타테야마에서는 겨울이 시작되는 1월 상순부터 2월 초에 걸쳐 칸모치를 만든다. 지역에서 수확한 찹쌀과 채소 등을 주원료로 사용한다. 전부터 가정에서 전해 내려온 방식으로 떡을 만든다는 것을 원칙으로 하고 있다. 칸모치에 들어가는 쌀은 찰기가 좋기로 유명한 도야마산 신타이쇼新大正: 일본의 쌀 품종 이름 찹쌀이다.

또한 소비자들이 다양한 맛, 식감, 색상을 즐길 수 있도록 20가지의 맛과 향을 내는 식재료를 사용하고 있다. 이 식재료에 따라서 20종류의 칸모치가 만들어진다. 식재료는 대부분 약선藥膳에 바탕을 두었기 때문에 약용가치가 높다. 칸모치는 은은한 향이 나며 아삭아삭 씹히는 맛이 매력적인데, 특히 찹쌀의 달고 고소한 맛이 입 안에

1   찹쌀을 원료로 만든 떡에 각종 천연소재로 색을 내고 건조해서 완성된 칸모치

2   쇼쿠사이코우보 타테야마에서 생산한 칸모치 제품

서서히 스며드는 특징이 있다. 2012년부터 대표이사를 맡고 있는 니시오 치에코씨는 '직접 손으로 만들며, 천연재료를 쓰는 것이 칸모치의 자랑'이라고 말했다.

쇼쿠사이코우보 타테야마는 '수제 작업, 원재료의 사용, 무첨가'를 생산의 3대 원칙으로 삼고 있다. 과거에도 일부 주민들이 칸모치를 만들어 판매한 적이 있었다. 하지만 그 때는 색깔을 내기 위해 인공 색소를 사용했다. 도야마현 농림진흥센터의 와카이 요시코若井 代史子 부주간副主幹은 '맛과 색깔을 내는 천연 소재를 찾는 것이 가장 어려운 과정인데, 지금까지 다양한 색깔을 내는데 적합한 각종 식재료를 발굴하느라 오래 시간과 노력이 들었다'고 말했다. 다양한 시행착오를 통해서 도야마의 명물인 흰새우, 검은콩, 흑설탕, 흑미, 김, 무청, 다시마, 쑥, 치자 등이 식재료로 사용되게 됐다. 또한 각 가정에 전해 내려 온 전통적인 제조방식으로 만들고 방부제와 보존료는 일절 사용하지 않는다.

떡을 건조하는 모습이 겨울 풍속화

정월용 떡 주문이 한꺼번에 밀려들면 가공시설에서는 파트타임을 포함해 20여명의 직원이 새벽 3시부터 떡을 포장해서 진공 팩에 담아 택배로 발송한다. 건조한 떡은 냉장고에 보관되어 연중 판매가 가능하다. 칸모치는 귀성객이 지역 특산물로 선물하기 위해 주문하는 물량과 기업에서 단체주문을 하는 경우가 거의 대부분을 차지한다.

칸모치의 작업 과정은 다음과 같다. 먼저, 찹쌀을 쪄서 쳐놓은 떡을 공기가 들어가지 않도록 반죽한다. 그런 뒤에 길고 가느다란 나

칸모치의 건조장면. 끈에 묶여 매달려 있는 칸모치는 화려한 색상을 뽐내며, 이 지역을 알리는 겨울 풍속화가 될 만큼 유명하다.

쇼쿠사이코우보 타테야마에 참여하고 있는 주부들.

무틀에 집어넣고 이틀 밤을 묵힌다. 떡이 딱딱해졌을 때, 틀에서 빼내어 두께는 4~5밀리미터, 가로 4센티미터, 세로 8.5센티미터 크기로 자른다. 끝으로, 자른 떡을 하나씩 정성스럽게 긴 끈으로 엮어서 매달아 놓는다.

그 다음은 실내에서 건조시키는 작업이 남아있다. 깎은 감을 말리기 위해 줄로 매달아 놓은 장면을 연상하면 된다. 사실, 칸모치에 있어서 건조작업은 대단히 중요하다. 말릴 때의 기온, 습도, 통풍, 떡의 수분 등의 조건이 갖춰지지 않으면 곰팡이가 생긴다. 너무 마르게 되도 문제가 생긴다. 니시오 치에코西尾 智惠子 대표이사는 '바짝 마르면 쪼개지거나 표면이 휘어진다. 깨지지 않고 일정한 두께를 유지해서 건조하는 것이 칸모치 생산의 기술적 비결'이라고 설명했다.

타테야마 사람들은 이곳의 자연은 칸모치를 건조하는데, 최적의 환경이라고 말한다. 도야마현은 해안선을 끼고 있지만, 타테야마는 내륙의 험준한 산악으로 둘러싸여있다. 축축한 바람이 불어오는 해안선보다는 차갑고 습기가 적은 산간부 쪽이 칸모치를 건조시키는데 적합한 것이다.

칸모치를 말리는 작업은 떡의 최종 품질을 결정하는 중요한 과정이다. 동시에 그 화려한 풍경 때문에 전체 생산과정의 백미라고 불리운다. 건조실에 들어가는 순간, 입은 쩍 벌어졌다. 칸모치를 말리는 건조실은 마치 화려한 색상의 천을 펼쳐놓은 커튼 가게를 연상시킬 정도이다. 노랑, 초록, 분홍 등 각양각색의 떡이 비닐 끈에 묶여 매달려있다. 일단 이 광경을 보면 먹어 보기도 전에 칸모치의 아름다움에 사로잡히고 만다. 이 장면은 타테야마의 겨울 풍속화라고 할 수 있을 만큼 아름답다. 이 광경을 사진에 담기 위해 타테야마를 찾는 방문객들도 적지 않다고 한다.

이렇게 해서 타테야마 산기슭에서 불어 내려오는 겨울바람에 30~40일 동안 자연 건조시킨다. 칸모치는 딱딱하게 건조된 떡을 전자레인지에 넣고, 1분 정도 가열하면 뻥튀기 과자처럼 부풀어 오른다. 전에는 불에 구워 먹던 것을 전자레인지로 가열해서 간단하게 먹을 수 있도록 했다. 특히, 건조과정이 외부에 알려지면서 체험 프로그램으로도 인기를 얻고 있다. 초등학교 방과후 프로그램으로 학생들이 참여해서 칸모치를 끈으로 묶는 작업에 참여하고 있다. 다음은 니시오 치에코 대표이사의 말이다.

"옛날에는 각 가정에서 칸모치를 만드는 광경을 볼 수 있었습니다. 하지만 요즘에는 어디에서도 보기가 힘들어졌죠. 요즘 아이들에게도 고향의 전통을 가르쳐서 아이들이 성인이 되어서도 고향에 애착을 갖게 하고 싶습니다."

그의 소망은 이곳의 아름다운 환경과 함께 서서히 바람을 일으키며 이뤄져 가는 중이다. 필자는 '겨울 풍속화'라 불리는 칸모치의 건조장면에 시선을 빼앗겨 버린 그 순간부터 그 사실을 몸으로 느낄 수 있었다.

할 일 없는 농한기에 농사조합법인을 만들다

이 마을기업의 시작은 1985년으로 거슬러 올라간다. 당시 농한기에는 특별히 할 일이 없어서 마을 주부들이 무엇인가 할 일을 고민하던 때였다. 그 때, 초대 대표이사였던 니시다 야요이씨를 중심으로 '타테야마 농촌여성그룹 가공부회'가 '카스즈께粕漬け: 생선, 고기, 야채 등을

쇼쿠사이코우보 타테야마의 사무실과 공장 전경

지게미에 절인 음식'라는 쓰께모노漬物: 소금, 된장 등에 절인 저장식품 생산을 시작했다. 아무래도 쓰께모노는 주부들이 만들어 먹던 음식이기 때문에 만들어 팔아도 괜찮을 것이라고 생각했다.

당시는 일본 정부에서 쌀 소비를 확대하기 위한 소비운동을 추진하고 있던 시기였다. 주부들도 쓰께모노만 가지고는 채산성을 유지하기가 어렵고 지역에서 생산되는 쌀의 소비를 늘리려면 쌀을 원료로 하는 가공품이 필요하다고 생각했다. 주부들은 힘을 합쳐 1990년부터 마을의 전통음식인 칸모치를 상품화시켰다. 일찍이 이 지역에서는 칸모치를 만드는 것이 겨울을 맞이하는 농촌의 풍속이었지만, 칸모치를 만드는 농가가 적어져 차츰 모습이 사라져가고 있었다.

이러한 생각이 주부들 사이에 호응을 얻으면서 1999년에 도야마현 최초의 농사조합법인, 쇼쿠사이코우보 타테야마가 설립된 것이다. 처음 시작할 때, 30명의 구성원들이 1천만엔을 출자했다. 지금까지 해왔던 농촌여성그룹 가공부회가 계속 체계적으로 운영되려면 아무래도 법인형태가 필요하다는 판단도 작용했다. 도야마현 최초라는 것에 대한 구성원들의 자부심은 대단했다. 농사조합법인, 쇼쿠사이코우보우 타테야마는 이듬해부터 흑자를 내며 오늘에 이르고 있다.

지역 여성이 돈을 내서 조합법인을 공동 운영하고 있는 것은, 당시 전국적으로도 큰 주목을 받았다. 하지만 쇼쿠사이코우보 타테야마가 여기까지 큰 어려움 없이 올 수 있었던 데는 정부와 자치단체의 도움이 컸다. 처음에는 타테야마쵸와 JAJapan Agriculture cooperatives : 일본 농업협동조합의 시설을 빌려서 작업했다. 지금 위치에 가공시설과 사무실을 건립할 수 있었던 것도 정부에서 예산의 70퍼센트를 지원받았기 때문에 가능한 일이었다.

전통 먹거리를 이용한 아이디어 상품개발

쇼쿠사이코우보 타테야마는 전통 먹거리인 칸모치를 상품화하면서 아이디어 상품도 개발했다. 쇼쿠사이코우보 타테야마하면 떠오르는 상품이 바로 '칸모치 카미후우센'이다. 이 상품의 유래를 살펴보면, 과거 메이지明治시절까지 이른다. 그때부터 도야마지역에는 약장사가 있었다. 그들은 약을 팔면서 아이들에게 선물을 주었다. 그들이 나누어준 선물은 종이풍선이었다. 종이풍선 즉, '카미후우센'에서 칸모치 카미후우센의 아이디어를 따온 것이다. 도야마현에는 3백 년이 넘는 제약업의 역사가 있다. 그만큼 약 판매업의 역사도 길다. 약장수가 덤으로 주던 종이풍선은 일본 상인들의 '덤' 문화의 원조라고도 일컬어진다.

원리는 간단하다. 종이풍선 속에 칸모치를 넣고 전자레인지에

가열하면 칸모치가 부풀어 오른다. 칸모치가 부풀어 오르면서 평면이었던 종이풍선은 육면의 주사위 모양이 종이풍선으로 바뀌게 된다. 이것이 바로 '칸모치 카미후우센寒餅 紙風船'이다.

카미후우센 안에는 타테야마의 장엄한 봉우리를 비롯하여 칸모치 건조 장면 등의 사진이 들어 있다. 쇼쿠사이코우보 타테야마는 이것으로 2004년, 일본 토산품お土産 아카데미상의 아이디어상, 2006년, 도야마현 우량 관광 토산품 과자 부문에서 도야마 현지사상富山県知事償을 받았다. 칸모치 상품 중에 칸모치가 들어간 종이풍선이 세 개, 칸모치가 들어있지 않은 종이풍선이 덤으로 한 개 들어있는 패키지 상품도 잘 팔리고 있다. 도야마 공항 2층에는 칸모치와 칸모치 카미후우센이 판매되고 있다.

"이것은 이 지역에 전해 내려오는 약 판매문화를 상품으로 개발시킨 것이라서 나름대로의 역사성을 갖고 있습니다. 도야마를 외부에 알리는 상품으로 관광객들에게 반응이 아주 좋습니다."

도야마공항 터미널의 요시카와 마모루吉川護 영업과장의 설명이다. 공항 1층에는 단추를 누르면 종이풍선이 위로 떠오르는 것을 직접 체험할 수 있는 공간도 마련되어 있다. 이 법인의 매출은 떡 가공품이 90퍼센트, 쓰께모노가 10퍼센트 정도이다.

떡의 원료가 되는 쌀은 지역 농민들과 계약재배해서 지역산 신타이쇼를 공급받는다. 연간 21톤의 쌀이 원료로 들어간다. 쌀의 용도는 주로 생모치, 칸모치, 다이후쿠大福: 팥이 들어있는 찹쌀떡 등이고 설날, 결혼, 돌 때 축하용 음식으로 내놓는 세키항赤飯: 팥을 넣은 찰밥도 많은 분량을 차지한다. 이밖에 쓰께모노의 재료인 채소는 지역 농민들이 밭에서 경작한 것이다. 이 상품들은 기본적으로 농민들이 자기 집에

1   전자레인지로 가열해 부풀어 오른 칸모치를 포장하고 있다.

2   칸모치와 칸모치 카미후우센

서 먹는 채소를 사용한다.

신상품 개발은 후계자 양성의 과제

쇼쿠사이코우보 타테야마의 상시고용인원은 9명이다. 출자자 회원 14명 등 20명에 가까운 인력이 생모치, 칸모치, 쓰께모노 가공, 판매 그룹 등 네 그룹으로 나눠져 근무하고 있다. 75세가 정년으로 초대부터 삼대까지의 대표이사는 모두 퇴직한 상태다. 초창기 마을기업을 이끌어왔던 인물들이 하나둘씩 떠나고 고령화가 계속되면서 후계자를 양성하는 것이 이 마을기업의 급선무로 지적되고 있다.

"칸모치 생산의 노하우를 전수해서 마을기업이 계속 운영될 수 있도록 하는 것이 장기적으로는 가장 중요한 과제입니다."

도야마현 농림진흥센터의 와카이 요시코 부주간은 일관되게 강조하고 있다. 이 마을기업이 고수하고 있는 생각과 이념, 발상이 잘 이어질 수 있도록 젊은층을 조직에 흡수해야 쇼쿠사이 코우보우 타테야마의 미래가 보인다는 게 전체 구성원들의 생각이다. 매출이 감소하고 있는 것도 시급히 풀어야할 큰 과제다. 2005년에 4천 5백만 엔을 정점으로 계속 감소해서 2012년에는 3천만 엔을 밑돌게 됐다. 주요 상품이 도야마는 물론 도쿄에도 진출해있지만, 매출은 뒷걸음질치고 있는 상황이다.

"젊은 사람들이 갈수록 떡을 먹지 않습니다. 그래서 매출을 늘리는데 한계가 있기 때문에 지금 묘안을 찾고 있는 데 쉽지 않습니다."

니시오 치에코 대표이사는 당면한 어려움에 대해서 솔직한 생각을 털어놓았다. 비교적 순탄하게 걸어왔던 이 마을기업에게는 지금이 첫 번째 고비다. 우선, 떡은 계절상품이라는 소비자들의 인식이 강하기 때문에 매출이 겨울에 집중되는 문제를 해결해야 된다. 그럴수록 신상품을 개발해서 매출감소를 막아야한다며 니시오 대표이사는 차가운 양갱과 복숭아 젤리를 시판할 계획을 세우고 있다.

일본의 떡도 우리 한과처럼 계절상품이라는 약점을 안고 있다. 대안이 없다고 판단한 니시오 치에코 대표이사는 젊은층을 겨냥한 신상품을 개발하는데 총력을 기울이고 있다.

　기업의 영속성이라는 측면에서 마을기업 쇼쿠사이코우보 타테야마는 지금 중요한 전환점을 맞고 있다. 상품의 전국적인 인지도 때문에 일정한 매출규모는 유지하겠지만, 더 뻗어 나가는 데는 돌파구가 필요하다.

　농산물을 가공하는 마을기업은, 언젠가 이런 어려움에 봉착하게 된다. 꾸준한 성장세가 한 풀 꺾인 마을기업이 어떻게 재도약할 것인가? 성장 동력은 어디에서 끌어올 수 있을까? 창업 15년의 내공이 그 대답을 해줄 것이라 믿고 있다.

우리 마을 포인트

1. 농촌여성그룹이 확대 발전해서 마을기업이 됨으로써 탄탄한 팀워크를 갖추게 됐다. 오랜 세월 구성원들이 함께 해온 부녀회가 마을기업으로 발전했다. 때문에 안정적으로 운영될 수 있는 기반에서 시작했다고

볼 수 있다.

2. 조미료 무첨가와 수제작업의 특성을 부각시켜 상품성을 극대화했다. 또한 인공색소 대신, 흰새우, 검은콩, 흑설탕, 흑미, 김, 무청, 다시마, 쑥 등의 천연재료를 사용해서 색을 냄으로써 건강식품 이미지를 소비자들에게 심어줄 수 있었다. 인공색소를 사용했던 과거의 칸모치와도 확실하게 차별화를 이뤘다

3. 끊임없는 상품개발노력으로 계속 새로운 부가가치를 창출하고 있다. 계절상품이라는 한계를 극복하기 위해 '칸모치'라는 대표상품 외에 '칸모치 카미후우센'을 개발했다. 또한, 소비패턴의 변화로 소비량이 줄어들자, 양갱과 젤리 등의 신제품을 개발하는 등 시장 개척에 힘을 쏟고 있다.

4. 상품생산과 관련된 스토리텔링으로 상품의 인지도를 높였다. 칸모치의 화려한 건조 장면은 칸모치를 전국적으로 알리는데 큰 역할을 했다. 미각에 시각이 더해지면서 소비자들에게 강력한 홍보효과를 남길 수 있었다.

쇼쿠사이코우보 타테야마
주소 도야마현 타테야마쵸 킨코우지 270번지
설립 1999년
원천소재 전통 떡
경쟁력 상품개발능력

성공하는 마을기업의 7부
6가지 조건

당신의 마을기업을
위한 6가지 전략

이제까지 국내의 마을기업과 일본의 마을기업을 두루 살펴보았다. 공통적으로 일련의 성공과 수확을 거둔 우수마을기업 중심이었다. 대체적으로 그들은 여러 차례 어려움이 있었지만, 그때마다 마을기업의 주인인 공동체 조합원 모두가 합심하여 견디고 이겨내어, 새로운 돌파구를 열어왔던 것을 확인해볼 수 있었다.

　하지만, 우리에게 좀 더 구체적인 조언이 필요하다. 우수사례를 듣는 것만으로는 뭔가 부족하다. 필자는 현장에서 취재를 하는 동안, 숱한 마을기업들을 보아왔다. 분명히 그들에겐 각자의 노하우와 비법이 있었다. 그러나 마을기업을 운영하기 위해서는 많은 시행착오를 겪기 마련일 것이다. 위기의 순간을 기회로 만드는 것은 어디까지나 그 마을기업의 선택에 달린 것이겠다. 마지막장은 마을기업을 꿈꾸는 당신에게 보다 핵심적인 조언을 제시하고자 한다. 이것은 그간 다뤄왔던 마을기업에 대한 정리인 동시에, 그 발판을 딛고 마을기업으로 한 발 짝 다가서는 계기가 될 것이다. 이에 필자는 마을기업을 이끄는 데 필요한 세 가지 서플라이 체인과 마을기업 운영의 필수지침 세 가지 조건을 제시하고자 한다. 이를 두고, '마을기업을 성공으로 이끄는 데, 필요한 6가지 조건'이라 명명하고 싶다. 아무쪼록 이 장을 통해서 그간 마을기업에 관한 막연했던 생각을 구체화하고 실천하는 데 도움이 된다면 바랄 것이 없겠다.

1. 서플라이 체인: 외부 의존도를 낮춰라

2009년에 산촌체험마을로 지정된 마을이 있다. 두 동의 펜션과 민박을 할 수 있는 마을회관, 그리고 두 동의 농산물 가공시설을 건립하는 데만, 14억 원이 투입됐다. 관광객을 유치하고 가공시설에서는 '꾸지뽕'을 원료로 꾸지뽕환을 만들어 판매한다는 계획이었다. 하지만 펜션은 파리만 날리고 있고, 가공시설의 문은 두 곳 모두 굳게 닫혀있다. 마을이장인 A씨는 꾸지뽕이 항암효과가 있는 것으로 알려져서 환으로 만들어 팔면 시장성이 있겠다고 판단했다고 한다. 그렇게 산촌체험마을로 지정받으면서 농산물 가공시설을 건립했다. 하지만, 정작 꾸지뽕환을 만들어보기도 전에 문제가 생겼다.

　원재료인 꾸지뽕이 부족했던 것이다. 꾸지뽕은 자생하기 때문에 마을에서도 쉽게 볼 수 있었다. 그래서 그것을 가져다 쓰면 될 것이라고 생각했다. 하지만 막상 가공하려고 보니 물량이 부족했다. 할 수 없어 인근의 다른 지역에서 꾸지뽕을 조달해서 환을 만들었다. 문제는 또 있었다. 주민들에게는 꾸지뽕으로 환을 만들 수 있는 기술이 없었다. 할 수 없이 외부 전문가를 통해 꾸지뽕환을 제조했다. 이렇게 해서 우여곡절 끝에 납품을 하게 됐다. 하지만, 처음에 제법 팔리는가 싶더니 얼마 못가 또 문제가 발생했다.

　판매처에서 단가를 낮춰줄 것을 요구한 것이다. 마을에서는 첫해 수익률이 괜찮아서 생산량을 대폭 늘렸다. 하지만 다음 해부터 납품단가를 내리자고 했다. 농민들의 마진이 줄어드는 것은 어느 정도 감수해야겠지만, 도저히 받아들일 수 없는 수준의 단가를 요구했다고 한다. 결국 납품과 생산이 중단되었다. 그 결과로 두 곳의 가공시설은 모두 문을 닫게 되었다. 이 사업을 주도했던 추진위원장 B씨의 설명이다.

　"꾸지뽕환 1킬로그램을 생산하는데 14,000원 정도가 듭니다. 17,000원은 받아야 주민들의 인건비가 나오는데 15,000원 이상은 못 가져가겠다고 하더라고요. 그래서 중단된 겁니다."

　가공공장에는 팔지 못한 꾸지뽕환이 산더미처럼 쌓여있었다. 이장인 A씨는 어떻게든 다시 꾸지뽕 가공사업을 재개해 보겠다고 했다. 그래서 주민들은 꾸지뽕환 만드는 기술을 배우고 있다.

　'서플라이 체인supply chain: 제품의 공급과정'을 먼저 설명하고자 한다. 이는 원료 조달부터 생산자와 소비자에 이르는 물류의 흐름을 말한다. 단지 마을기업뿐만이 아니라 기업이 정상적인 영업활동을 하기 위해 필요한 가장 기본적인 구조를 일컫는 것이다. 다시 말해 첫째, 원재료를 원하는 시점에 원하는 물량만큼 원하는 가격에 확보할 수 있는가? 둘째, 확보한 원재료를 가공해서 원하는 제품을 만들어낼 수 있는가? 셋째, 생산된 제품을 원하는 가격에 판매할 수 있는가? 그래서 그렇게 판매된 제품이 현금으로 돌아와서 다시 원재료를 구입하는데 투입될 수 있는가?를 말한다. 이와 같은 세 가지 조건이 갖춰지면 마을기업이 존립할 수 있는 기본적인 토대가 마련된다. 하지만 이 조건을 제대로 충족시키지 않은 상태에서 시작하면 마을기업은 오래가지 못하고 어려운 상황에 직면하게 된다. 예시로 소개된 위의 산촌생태마을은 이세 가지 조건 모두를 충족하지 못했다. 그 이유를 자세히 살펴보도록 하겠다.

첫째, 원재료인 꾸지뽕을 '안정적으로 확보할 수 있는 대책'이 없었다. 물량이 부족해서 본인들의 마을을 놔두고, 다른 지역에 가서 꾸지뽕을 사왔으니 물류비 때문에 비용이 더 들어갈 수밖에 없다. 원가가 높아지면 그만큼 가격경쟁력은 떨어지게 된다. 이 책의 2부부터 6부에 걸쳐 소개된 우수마을기업들은 대부분 해당 마을에서 손쉽게 구할 수 있는 농산물 또는 농촌자원을 원료로 활용했다. 원재료를 외부에서 비싸게 조달해야하는 마을기업과 자체적으로 조달하는 마을기업은 출발에서부터 차이가 날 수밖에 없는 것이다.

NPO법인 '에가오 쓰나게테'의 경우, 농촌의 어느 곳에서나 볼 수 있는 휴경논을 새로운 부가가치의 원천으로 활용했다. 그러면서 야마나시현의 호쿠토시를 선택했다. 야마나시현의 휴경논 비율은 일본 전체 현 가운데 두 번째로 높고, 호쿠토시의 휴경논 비율은 야마나시 현에서 가장 높다는 점에서 착안되었다. 이것은 사업을 시작하기 전에 원재료가 될 수 있는 농촌자원의 실태와 보유량을 면밀하게 조사한 결과에서 왔다.

2012년에 설립된 충남 당진의 '백석올미영농조합'에서는 지역에 넘쳐나는 매실나무를 어떻게 하면 활용할 수 있을까를 생각하다 '매실+한과'라는 사업구상을 하게 됐다. 마을기업이 마을의 자산을 놔둔 채 다른 지역에 가서 농산물을 구입해서 원료로 사용한다는 것은 마을기업의 취지와도 맞지 않는다. 원재료의 확보와 가공 및 생산이 마을 내부에서 이뤄졌을 때, 마을기업 활동에 따른 부가가치가 유출되지 않고 고스란히 마을에 떨어질 수 있다. 그래야 마을기업을 통해서 공동체도 활성화될 수 있다. 마을기업의 외부의존도가 높을수록 기업운영의 안정성은 거꾸로 낮아지게 된다는 사실을 명심하자.

2. 서플라이 체인: 핵심기술 없이 마을기업은 없다

예시로 제시된 산촌생태마을이 서플라이 체인의 조건을 충족하지 못한 두 번째 이유는, 원재료를 가지고 최종 제품을 만들 수 있는 노하우를 확보하지 못했다는 사실에 있다. 꾸지뽕환을 만들 수 있는 기술은 외부인사가 갖고 있었고 가공시설이 문을 닫자, 이 사람은 마을을 떠났다. 주민들이 가공시설을 다시 가동하려면 기술을 습득해야 원하는 제품을 만들 수 있다. 제품 생산의 가장 중요한 부분을 외부에 맡기면서 마을기업이 독자적인 경쟁력을 갖추기는 어렵다.

  1998년 농촌 주부들이 설립한 레스토랑 '꽃농장 아와노'의 사례는 산촌체험마을과는 분명한 대조를 이룬다. 레스토랑의 주부들은 농촌에서는 생소한 서양 요리에 도전하면서 철저한 프로근성을 보여줬다. 외국 현지에서 근무했던 쉐프에게 일 년 동안 전 직원들이 요리 만드는 법을 배웠다. 오전에는 농사를 짓고 오후에는 쉐프에게 레스토랑 운영의 ABC를 전수받았다. 그들은 이를 토대로 레스토랑을 외부 인력 없이 자체적으로 운영하고 있다. 농촌 주부들이 레스토랑을 오픈한다는 것은 산촌마을 주민들이 꾸지뽕환을 생산하는 것보다 훨씬 낯선 일이다. 하지만 핵심 기술과 레스토랑 운영방법을 완벽하게 배우고 가족들을 상대로 프리젠테이션까지 해가며 준비한 끝에 외부 지역에서도 찾아오는 레스토랑으로 발전시켰다.

일본 니이가타현의 농사조합법인 '유키타로노 사토'도 기술력을 쌓는데 오랜 시간을 투자했다. 마을 주민들은 무잼을 만들면서 무 특유의 강한 향을 없애는데, 1997년부터 2000년까지 꼬박 3년 동안을 매달렸다. 향을 제거하는 것은 무잼 생산과정에서 가장 어려운 공정이었다. 지역대학에 자문을 의뢰하기도 했지만 결국 노하우는 주민들 힘으로 확보했다. 이 부분을 외부에 맡겼다면 자체기술을 확보하지 못하기 때문에 향후 상품개발에 한계가 있을 수밖에 없다.

영농조합법인 '군위 찰옥수수'의 경우를 살펴보면, 이 마을기업의 주민들은 공장에서 기거하며 옥수수를 삶아서 포장하는 기술을 개발했다. 압력솥에 끓였다가 화상을 입는 사고까지 발생했지만, 결국에는 구성원들의 힘으로 자체 기술을 개발했다. 가공기술 특허까지 받아서 확실한 기술경쟁력을 입증했다.

이처럼 마을기업들이 제품생산의 '핵심기술'을 보유하고 있으면 외부환경이 변하더라도 원하는 제품을 만들어낼 수 있다. 또한 본인들이 제품을 가공하고 생산해야 제품의 정확한 원가를 계산할 수 있고 다양한 응용상품을 비롯한 신제품 개발, 비용절감 등도 시도해볼 수 있다. 변화하는 경영환경에서도 다양한 마케팅 전략을 구사하려면 제품생산의 핵심기술을 확보하고 있어야 한다. 농산어촌의 마을기업이라고 해서 결코 예외가 될 수는 없는 것이다.

3. 서플라이 체인: 팔 수 있는 만큼 만들어라

이 산촌체험마을은 생산된 제품을 원하는 가격에 판매하지 못했다.

판매를 외부인에게 맡겼고, 판매처와의 가격협상이 실패하자 공장가동을 멈출 수밖에 없었다. 그쪽의 판로 외에는 자체적인 판매망을 전혀 갖추지 못했기 때문이다. 홈페이지조차 없으니 인터넷 판매는 생각조차 하지 못했다. 그만큼 판매 분야가 취약했고 아무런 준비가 되어있지 않았던 것이다.

이 산촌마을의 추진위원장인 B 씨는 '농민들은 생산 전문가이지 판매 전문가가 아니다. 우리더러 물건을 만들어서 팔기까지 하라는 것은 무리'라고 말한다. 대부분의 마을기업들이 직면하게 되는 문제가 농산물 또는 가공품의 판로 확보다. 제품을 만들기에 급급하기 때문에 자체 유통채널을 확보해야 된다는 생각을 하지 못한다. 판로에 대한 대비책을 세워놓지 않은 채 마을기업을 시작하게 된다면 이것은 장마철에 우산 없이 외출을 하는 것과 같다.

일본을 대표하는 마을기업인 '오가와노쇼'는 이른바 '얼굴이 보이는 판로 만들기'를 추진해왔다. 제품을 만든 사람이 누구인지를 소비자들이 알 수 있어야 자체 브랜드의 파워가 생긴다는 주장이다. 이 마을기업의 대표이사 역할을 대행하고 있는 이토 무네요시 총무부장은 '외부에 판매를 맡기면 우리가 원하는 가격을 받기가 어렵다'며 일정한 비율은 직접 판매할 수 있도록 채널을 확보하고 있어야 된다고 말했다.

때문에, 인터넷 판매 등을 통해서 소비자와 직접 거래하거나 축제와 판촉행사 등의 일정한 판매 채널을 확보하고 있는 것은 대단히 중요한 의미를 가진다. 2001년 일본의 마을기업인 '킨노스즈 마고코로까이'는 재배한 허브의 판로가 막히자, 직접 아침시장을 열고 소비자와 직거래를 추진했다. 이마저도 여의치 않자, 소비처인 레스토랑을 직접 찾아다니며 판로를 개척했다. 결국 이 같은 노력이 지역의 농업과 상업이 상생하는 농상연대라는 형태의 새로운 모델로 주목받게 된 것이다.

'팔 수 있는 만큼 만들어라'는 뜻은 제품을 만들 때부터 판로를 염두에 둬야 된다는 뜻이다. 극단적으로 말해서, 유통이 해결되지 않으면 생산해서는 안 된다는 뜻이기도 하다. 마을기업의 시작은 단순한 생산이 아니라 '판매처를 확보한 생산'이라는 인식을 갖게 된다면 마을기업을 준비하고 운영해나갈 때, 구성원들의 사고가 훨씬 전략적, 종합적, 입체적, 장기적으로 변모하게 될 것이다.

4. 목마른 주민이 마을기업을 만들어야한다

일본 나가노현의 오타리무라小谷村는 나가노현에서도 눈이 많이 내리는 지역이다. 한겨울이면 마을 전체가 4, 5미터의 눈에 파묻히는 곳이다. 때문에, 오타리무라의 나카야고우 마을도 다른 산촌마을처럼 인구감소를 피해갈 수 없었다. 특산품도 없고, 관광시설도 없는 산골마을은 존립자체가 위태로웠다.

1970년대 자치단체가 자재를 공급하고 길을 내는 것은 마을 주민들 스스로 하는 것이 당연시되던 시절이 있었다. 폭설이 내리면 제설작업도 모두 주민들 손으로 해결했다. 어지간한 일은 마을 주민들이 공동사업으로 해결했지만, 지금은 어림도 없는 소리가 되어버렸다. 그리고 1990년대 초반, 1998년 동계올림픽이 나가노에서 열리기로 결정된 일이 있다. 당시 마을은 술렁거리기 시작했다. 마을 곳곳에 호텔, 노인복지센터, 온천시설, 별장, 미니 골프장 등을 짓는 개발구상이 흘러나왔다. 일부 마을 주민들까지 추진위원으로 참여하게 되었다. 하지만 일 년 만에 사업은 중단됐다. 버블경제가 붕괴된 것이다. 개발에 대한 주민들의 욕구는 강했지만, 늘 진척을 보지 못했기 때문이다.

"올림픽을 앞두고 마을 주민들의 기대가 정말 컸습니다. 하지만 올림픽이 치러져 도로는 확충됐지만, 올림픽이 우리 마을에 변화를 가져다주지는 못했습니다."

오타리무라의 시바타 유조 관광진흥과장의 설명이다. 오히려 2001년에 세 곳의 소학교가 통폐합됐고, 마을에 활기를 불어넣어줬던 산촌유학도 재정부담 때문에 2006년에 중단되었다.

그들은 '이대로 가면 우리 마을은 안 된다'는 위기감을 느꼈다. 그렇다고 외부에 의지해서는 아무 것도 되지 않는다는 것을 주민들은 익히 알고 있었다. 하여 마을에 남아있는 60~70대 농민들 50명이 발 벗고 나섰다. 그렇게 만든 것이 2005년에 발족된 '나카야고우가 건강하게 되는 모임中谷郷が元気になる会'이다. 그러면서 시작된 것이 다랭이 논의 부활이었다. 산촌에서는 계단식 다랭이논에서 농사를 지어왔지만, 오랜 기간 휴경논으로 방치되어 있었다. 그들은 휴경논으로 직접 들어가 잡초를 뽑아내고 일궜다. 약 60헥타르의 다랭이논을 30년 만에 원래의 모습으로 되돌려놓은 것이다.

부활한 다랭이논을 바탕으로 2006년부터는 '다랭이논 오너' 제도를 시작했다. 도시에서 온 참가자들이 2만 5천 엔을 내고 농민들의 지도를 받아가며 모내기를 하고, 벼 베기와 탈곡까지 참여하는 농업체험을 하는 것이다. 도시민들은 일 년이면 대 여섯 차례 다랭이논의 농작업에 참여할 수 있다. 나카야고우에 자주 오지 못할 경우에는 농민들이 홈페이지와 이메일 등으로 생육상황을 생생하고 자세하게 통보해준다. 시바타 유조 관광진흥과장은 주민들이 다랭이논을 부활시키게 된 배경을 이와 같이 설명했다.

"더 이상 외부에 기댈 수가 없었고 마을의 자원을 최대한 활용해보자는데 의견이 모아졌습니다. 무리는 하지 말고 우리가 할 수 있는 것을 찾아보자, 그러면서 다랭이논을 떠올리게 된 것입니다."

마을기업을 인위적으로 만들기는 어렵다. 정부가 주도한다고 해도 한계가 있다. 마을의 필요는 마을 주민이 가장 잘 알기 마련이다. 아주 절박한 순간에, 목마른 주민들이 스스로의 힘으로 샘을 파는 것이 마을기업 설립의 가장 좋은 조건이 될 수 있다. 이것은 분명한 목표가 있기 때문이다.

마을기업 '오가와노쇼'의 설립자들은 가난이 지긋지긋했다. 1950년대에 어떻게 하면 가난한 생활에서 벗어날 수 있을까를 고민했다. 창업을 꿈꿨던 20대의 동료들은 가난 탈출이라는 분명한 목표를 가지고 마을기업을 준비했다. 지금 당장은 일반 직장에서 일하지만, 20대의 젊은이들은 주말이면 모여서 어떤 마을기업을 만들 것인가를 논의했다. 지금 하고 있는 일이 장차 자신들이 만들게 될 마을기업에 어떻게 도움이 될 수 있는지를 끊임없이 연구했다. 30년 가까이 꿈을 포기하지 않은 열정 뒤에는 '가난의 탈출'이라는 절박한 목표가 있었다.

토치기현 나스정의 주민들은 마을이 사라질지 모르는 위기상황에 놓여있었다. 농촌 과소화로 인구는 급격하게 감소하고, 이대로 가면 마을의 존립이 위태로운 상황이었다. 마을 만들기 위원회가 만들어지고 어떻게 하면 마을을 살릴 수 있을까를 고민했다. 그 결과로 마을기업 토산도 이오우노 물산 센터를 설립하고, 도로역을 유치해서 50개의 일자리를 만들어냈다. 마을 주민들은 도로역을 어떻게든 운영할테니, 지어만 달라고 호소한 '절실함'이 자치단체와 농협도 포기한 도로역을 성공시킨 원동력이 된 것이다.

니이가타현 죠우에쓰시의 마을기업, '유키타로노 사토' 주민들이 '무잼'을 만들기로 결심한 것은, 무 농사만 지어가지고는 제자리에서 벗어날 수 없었기 때문이었다. 고랭지의 좁은 밭에서 재배하는 무는 드넓은 평야부에서 나온 무와 생산비에 차이가 있기 때문에 가격경쟁력에서 상대가 되지 않았다. 무를 가공해서 만든 무잼은 이런 절박함에서 탄생한 것이다.

경북 군위군의 '군위 찰옥수수'와 강원도 평창군의 '의야지 청년경제사업단'도 마찬가지다. 옥수수를 원물로 팔아서는 제 값을 받기 어렵고, 1년에 6개월만 할 수 있는 고랭지 농사는 위험부담이 컸다. 이런 어려움을 극복하기 위해 옥수수를 진공 포장 및 가공하는 기술을 개발했고, 고랭지 배추밭을 겨울에는 스키장으로 활용하게 된 것이다. 무엇보다 중요한 것은 마을기업 주민들이 직접 발 벗고 나서서 마을기업을 운영하고, 적극적으로 동참했기에 이 모든 일이 가능했다.

5. 탄탄한 공동체성을 확보하라

하루아침에 등장한 마을기업이 성공한 경우는 찾아보기 어렵다. 오랜 시간 준비하고 단계적으로 성장해온 경영체일수록 안정적이고 외부환경에 버틸 수 있는 힘을 갖추게 된다. 꾸준히 활동을 해왔던 작목반이나 부녀회, 청년회 등을 거쳐 마을기업으로 발전하는 경우가 가장 이상적이다. 이런 단체 활동을 통해서 유대를 다지고 나름의 조직운영과 수익사업의 경험을 해봤기 때문이다.

주부들이 만든 레스토랑 '꽃농장 아와노'가 대표적인 예다. 이 주부들은 일본 농림성이 주관한 주부생활개선모임에서 20년 동안 활동해왔다. 여기서 드라이플라워 판매, 강습회, 도시 직거래 장터 등 큰 규모의 수익사업은 아니지만, 초보적인 형태의 영리활동을 추진해왔다. 또한 그들은 다양한 교류 프로그램을 기획하고 실행해본 경험을 가지고 있다. 이것은 구성원들 간의 팀워크를 다질 수 있는 시간이기도 하다. 때문에 이를 통해 마을기업을 하기 위한 실질적인 '연습'이 이뤄진 것이다.

일본의 주부생활개선모임이나 부녀회에서 시작된 모임이 마을기업으로 발전해 성공을 거둔 사례는 어렵지 않게 찾아볼 수 있다. 이 책에서 소개된 도야마현의 '쇼쿠사이코우보 타테야마', 나가노현의 '킨노스즈 마고코로까이' 외에도 기후현岐阜県의 '(주)메이보明宝 레이디스レデイース', 미야기현宮城県의 '야쿠라이やくらい 미야게土産센터', 니이가타현의 '산포쿠 나리와이노 사토さんぽく生業の里', 오사카大阪의 유한회사 '이즈미노사토いずみの里', 사가현佐賀県의 '아유노사토鮎の里' 등 각 지역마다 농촌 여성들이 중심이 된 마을기업들이 왕성한 활동을 벌이고 있다.

필자는 일본의 농촌 여성단체와 비견할 수 있는 모임이 우리의 부녀회라고 생각한다. 어느 농촌마을에나 부녀회가 활동하고 있다. 부녀회는 마을에서 크고 작은 대소사를 치르고 마을 행사가 있을 때마다 굿은일을 도맡아 처리한다. 이 같은 부녀회가 마을기업의 가장 적합한 후보군 가운데 하나일 것이다.

　여성특유의 성실성, 섬세함, 안정성, 정직성 등은 기업운영에서 큰 힘을 발휘할 수 있다. 충남 당진의 '백석올미영농조합'은 부녀회가 중심이 돼 설립한 대표적인 마을기업이다. 차근차근 단계를 밟아서 마을기업을 준비했고, 전 직원이 세일즈맨이라는 뜻에서 할머니들에게 명함을 나눠주었다. 이에 따른 판매 인센티브를 지급하며, 대외 홍보용으로 나가는 한과 한 봉지까지도 허투루 관리하지 않았다. 김금순 대표를 비롯해서 마을기업 구성원들의 노력에서 일본의 주부생활개선모임 못지않은 가능성을 확인할 수 있었다.

　백석올미영농조합을 포함해서 성공적으로 운영되는 마을기업들은 탄탄한 지역 공동체성을 바탕으로 하고 있다는 공통점을 갖고 있다. 마을기업이 '우리 마을의 기업'이라는 주민들의 인식이다. 마을기업이 우리 마을에 뿌리를 내리고 있고, 마을기업이 잘 되면 우리 마을이 풍족해진다는 마을 공동체 구성원들의 의식이다. 이러한 의식이 기반되었을 때, 마을기업은 수익 못지않게 마을을 생각할 수 있고, 마을기업의 성과가 마을 공동체로 그대로 흡수될 수 있는 것이다.

6. '사람'을 찾으면 '기업'이 보인다

이 책에서 소개한 마을기업 16곳의 중심에는 대부분 추진력 있는 지도자가 있었다. 지도자는 방향을 제시하고 뜻을 하나로 모아서 앞으로 나아가는 동력이다. 마을기업에서 이 한 사람, 지도자의 힘은 마을기업의 시작이자 끝이라고 해도 과언이 아니다. 일본의 마을기업에서도 예외가 아니었다.

NPO법인 '에가오 쓰나게테'를 설립한 소네하라 히사시 대표는 농촌 출신이면서 도쿄에서 금융 컨설팅 회사를 운영한 경험을 갖고 있다. '용대향토기업'의 박문실 대표는 변호사 사무실에서 근무했고 '한드미 유통조합법인'의 정문찬 대표는 설계 및 부동산 사무소, 완주군 안덕마을의 유영배 촌장은 건설회사에서 근무했다. '군위 찰옥수수'의 손태원 대표는 중소기업을 운영했다.

만두와 비슷한 일본의 향토음식 '오야끼'를 생산 및 판매하는 '오가와노쇼'의 곤다 이치로 대표이사는 식품 가공회사의 대표이사였으며, '토산도 이오우노 물산 센터'의 우스이 히데오 조합장은 대기업 제조업체의 간부직원이었고, '꽃농장 아와노'의 와카바야시 후미꼬 대표는 건축회사에서 총무 및 회계 분야를 담당한 경험을 가지고 있다.

마을기업이란 농촌의 자원을 활용한 재화, 용역을 부가가치로 연결해서 주로 도시민들에게 제공해서 수익을 올리는 농촌기업이다. 농촌 자원의 특성을 잘 알아야 되고, 그 자원을 활용한 상품의 수요자인 도시민의 수요needs를 정확히 꿰뚫고 있어야 된다. 언급한 마을기업의 대표들은 농촌에서 태어나서 도시로 나가 전문분야에서 활동했고, 다시 고향에 내려와 그 경험과 전문지식을 마을기업에 활용했다는 공통점이 있다. 농촌이 보유하고 있는 자산을 상품화시키고 여기에 필요한 인력, 물적 자원을 조직해내는데 이들의 전문성과 경험이 큰 힘을 발휘한 것이다.

위기 1. 마을기업 대표자들의 은퇴 및 후계자는?

그러나, 전국적으로 그 성과를 인정받고 있는 마을기업들도 리더 leader의 은퇴라는 현실적인 문제를 안고 있다. 마을기업 대표들이 고령화되고 대표 1인에게 많은 업무가 몰리면서 큰 피로감을 느끼고, 그들은 2선으로 물러나겠다는 생각을 하고 있었다. 대부분 마을기업들이 대표 한 사람의 능력, 헌신에 의해 유지되기 때문에 마을기업 대표들은 무거운 중압감을 갖고 있는 게 사실이다.

필자가 만나본 일본의 마을기업이나 국내 마을기업들은 거의 예외 없이 적절한 후임자를 찾아야 되는 과제를 안고 있었다. 초기에 잘 운영되던 마을기업도 시간이 지나면, 여러 가지 경영상의 어려움에 직면하게 된다. 매출 증대, 신상품 개발, 판로개척, 고객유치 등은 한 번 해결하면 끝나는 문제가 아니라 기업 활동의 일상적인 과제다. 이런 문제를 해결하려면 마을기업의 인력운영이 안정되어 있어야하고 의욕 있는 젊은 인력들의 참여가 절실히 필요하다.

'한드미 유통조합법인'의 정문찬 대표는 만나는 사람들마다 농촌에 와서 살라며 귀농과 귀촌을 권유하고 있다. 그만큼 농촌의 미래에 가능성을 발견한 것이고, 또 하나는 자신과 함께 농촌공동체를 가꿔갈 우군友軍을 확보하기 위한 것이다. 지금 우리 마을에는 마을 구성원들의 협력과 함께 이들과 보조를 맞춰갈 전문성을 갖춘 인력이 필요하다. 필자가 전북지역 100개 농산어촌 체험마을의 지도자를 대상으로 실시한 설문조사에서 '체험마을의 운영이 잘 되지 않는 이유'에 대한 42.8퍼센트의 가장 많은 응답이 '체험마을을 운영할 전

9   정윤성, 〈농촌지역 활성화를 위한 전문 인력 운영에 관한 연구_전북지역 체험마을을 중심으로〉, p.43, 예원예술대학교 문화영상창업대학원 석사논문, 2010.

문 인력이 부족하기 때문'[9]이었다. 이에 대한 대책마련이 중요한 현실이다.

위기 2. 현장 연계 낮은 전문 인력 양성교육

따라서 일정한 전문성을 갖춘 인력을 어떤 방법으로 양성하여 마을기업, 농촌경영체로 연결시킬 것인가에 대한 깊이 있는 연구가 필요하다. 국내에서는 농림부와 산림청의 리더십 과정, 지도자 과정, 자치단체의 농업기술센터, 대학 등에서 농촌 활성화에 필요한 인재들을 양성하는 교육과정을 운영하고 있다. 하지만 교육의 지속성이 부족하고 주로 농촌마을의 주민들을 대상으로 이뤄진다는 점에서 효과의 극대화는 기대하기 어렵다.

이밖에도 정부는 체험마을의 인력문제를 해결하기 위해 사무장, 운영 매니저 제도를 운영하고 있다. 하지만 낮은 보수와 고용조건 때문에 큰 효과를 거두지 못하고 있다. 이들에게 지급할 급여조차 자체적으로 조달하지 못하는 체험마을이 적지 않은 실정이다.

또한 체험마을과 지속적인 관계를 유지하면서 자문역할을 해줄 전문가가 필요하다는 지적에 따라 1인 1촌 전문가 컨설팅 사업도 추진됐다. 농산어촌 체험마을과 관광, 개발, 건축, 조경 등 각 분야의 전문가를 1대 1로 연결하는 프로그램이다.

그러나 이런 기획도 현장에서는 뿌리를 내리지 못했다. 전문가들의 지속적인 방문이 이뤄지지 않은 것이다. 마을과 전문가들의 지속적인 교류와 피드백을 이끌어낼 연계대책이 마땅치 않았다. 마을의 특성과 문제점을 정확하게 파악하지 못하니 제대로 된 처방이 나올 리 없었다. 농촌의 특수성을 충분히 감안하지 못한 공급자 중심의 정책이 가진 한계였다.

결국, 마을기업 컨설팅의 핵심은 '지속성'이다. 마을기업이 설립되기 전 단계부터 설립된 후까지 지속적으로 컨설팅을 해주고 개별 기업에 맞는 맞춤형 지원을 해줄 수 있는 안정적인 지원 시스템이 필요하다. 전북 완주군의 '지역경제순환센터'는 마을의 자원조사에서부터 주민 교육, 컨설팅에 이르는 전 과정을 밀착해서 지원하며 성과를 내고 있다. 또한 주민들이 시제품을 만들어보며 마을자원을 아이템화 해가는 작업에 직접 참여해 문제점을 스스로 깨닫게 해주는 프로그램도 대단히 유용할 것이다.

도농 인적교류에서 실마리 찾아야

정부는 2013년까지 1천 개의 마을기업을 설립하도록 지원한다는 계획이다. 그렇다면 1천 개의 마을에 마을기업을 꼭 설립해야 되는 절박하거나 분명한 이유가 있을까? 정부가 일정한 시한과 목표량을 정해두고, 마을기업을 육성하는 방식은 자칫 성과주의로 변질될 수 있다. 설익은 주민의식, 준비 안 된 마을 공동체, 불분명한 목표와 책임의식, 성과에 목마른 자치단체가 만나면 과거 정부가 조성했던 각종 인공 마을의 전철을 밟을 가능성이 크다.

2013년, 충남발전연구원이 충남의 49개 마을기업을 대상으로 실시한 조사에서 마을기업의 설립연한은 평균 2.3년으로 나타났다. 2010년부터 2012년 사이에 61.7퍼센트에 해당하는 마을기업이 설립됐다. 마을기업의 평균급여는 94만 원으로 최저임금 수준에 미치지 못하고, 급여가 없는 마을기업도 11곳으로 전체의 23.4퍼센트를 차지했다. 또한 자본금이 없거나 천만 원 미만으로 운영되는 마을기업이 전체의 32퍼센트를 차지했다. 순이익이 없다고 응답한 마을기업도 32곳으로 72.7퍼센트에 해당했다.

강원도의 경우에도, 강원발전연구원이 2011년에 선정된 마을기업 44개를 분석한 결과, 연매출이 5천만 원이 되지 않는 곳이 36퍼센트인 16개를 차지했다. 전국적으로 대다수의 마을기업들이 영세하고 불안정한 상태에 놓여있다는 것을 보여준다. 1천 개라는 수치에 집착하게 되면 지속 가능성이 불안정한 영세규모의 마을기업을 양산하는 결과를 낳게 된다. 마을 주민이 중심이 되지 못하고 정부, 자치단체 주도로 시작되는 마을기업은 도중에 큰 벽에 부딪히면 언제라도 흐지부지될 수 있다.

꼭 마을기업을 설립해야하는 분명한 이유가 있다면 구성원들은 직접 출자를 하고 확실한 오너십ownership에 따라서 손해를 보지 않기 위해 최선을 다할 것이다. 반대로, 절박하지 않다면 꼭 성공시켜야할 이유가 없기 때문에 주민들이 가지고 있는 잠재력의 100퍼센트를 끌어내기는 어렵다. 금세 느슨한 형태의 마을기업이 될 것이고 지속적인 기업 활동을 기대하기는 어렵게 된다.

'마을기업, 하면 좋지' 하는 수준의 주민 동의서를 가지고, 주민들의 의지를 확인했다며 사업을 밀어붙이는 것은 무리다. 마을기업을 운영하는 가장 단단한 토대는 마을 주민들의 확고한 의지, 분명한 목표 그리고 이를 뒷받침하는 절박한 현실인식이다. 가능성이 있는 마을기업을 발굴해서 육성하는 것 못지않게 '설립하면 안 되는' 마을기업을 가려내는 안목도 중요하다.

과소, 고령화가 심각한 일본의 농산어촌에서도 농촌공동체를 이끌고 갈 인력확보가 중요한 과제가 된지 오래다. 일본의 '지역진흥협력대地域おこし協力隊'는 일손이 부족한 농촌에 의욕 있는 도시 주민을 유치해서 마을을 활성화시키는 새로운 운영 인력으로 활용하는 사업이다. 지역진흥협력대원은 자치단체의 공모에 참여한 도시민 가운데 선발된다. 한국의 행정안전부에 해당하는 일본의 총무성은 2009년부터 이 사업을 제도화시켜 농산어촌의 지역력을 키워나간다는 정책

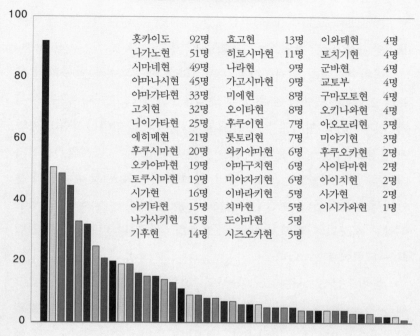

'지역진흥협력대원'의 활동지역

홋카이도	92명	효고현	13명	이와테현	4명
나가노현	51명	히로시마현	11명	토치기현	4명
시마네현	49명	나라현	9명	군바현	4명
야마나시현	45명	가고시마현	9명	교토부	4명
야마가타현	33명	미에현	8명	구마모토현	4명
고치현	32명	오이타현	8명	오키나와현	4명
니이가타현	25명	후쿠이현	7명	아오모리현	3명
에히메현	21명	톳토리현	7명	미야기현	3명
후쿠시마현	20명	와카야마현	6명	후쿠오카현	2명
오카야마현	19명	야마구치현	6명	사이타마현	2명
토쿠시마현	19명	미야자키현	6명	아이치현	2명
시가현	16명	이바라키현	5명	사가현	2명
아키타현	15명	치바현	5명	이시가와현	1명
나가사키현	15명	도야마현	5명		
기후현	14명	시즈오카현	5명		

목표를 내걸고 있다.

선발된 도시민은 지역진흥협력대원으로 위촉되어 농림수산업, 환경감시, 지역산품 판매지산지소 추진, 주민생활 지원고령자 돌보기, 장보기 등, 전통예능, 커뮤니티 활동 등의 지역 협력 활동에 종사하게 된다. 정부는 지역진흥협력대원이 해당 지역에 정주 및 정착할 수 있도록 생활비와 주거비 등을 지원한다. 일인당 최대 4백만 엔이 지원되며, 협력대원은 1년에서 최장 3년까지 활동하게 된다.

지역진흥협력대원은 2009년 89명이 31개 지자체에서 활동하기 시작해 꾸준히 증가하고 있다. 2012년 기준으로는 전체 617명의 대원이 204개 자치단체에서 활동하고 있다. 총무성의 조사에 따르면,

지역진흥협력대원 가운데 20대가 43.7퍼센트로 가장 많고, 30대가 36.4퍼센트로 2,30대가 80퍼센트를 차지했다. 젊은 인력을 농촌에 유치할 수 있다는 것이 입증된 것이다.

야마나시현청 인재육성과의 이시하라 마사히로씨는 '우리의 목표는 야마나시현에서 젊은 농업 인력을 확보하는 것이다. 그런 목적에서 '지역진흥 협력대'를 활용해서 한 명이라도 야마나시현의 농업에 관심을 가질 수 있도록 하려는 것이다'라고 말한다. 지역진흥협력대원들은 단지 농업뿐만이 아니라, 농산물 가공 및 판로개척 등의 분야에서도 활동한다. 이들을 중심으로 농촌자원을 사업화할 수 있는 다양한 시도가 이뤄지기 때문에, 농촌형 커뮤니티 비즈니스를 견인하는 동력이 될 수 있다.

농림수산성에서는 2009년부터 '전원에서 일하는 부대' 프로그램을 추진하고 있다. 이 사업은 농촌활성화 인재육성파견지원 모델사업이다. NPO 또는 공익법인, 사단법인 등의 중간조직이 사업주체가 돼서 도시민들에게 농업연수를 시켜 농촌에서 활동할 수 있도록 하는 프로그램이다. 배경은 역시 농촌의 부족한 일손을 보충하는데 있다. '농촌에서 땀 흘리며 살고 싶다', '내 힘으로 농촌을 활성화시켜 보고 싶다'고 생각하는 도시민들이 주요 대상이다.

2010년을 기준으로 33개의 중간조직이 416명의 도시민을 대상하여 170개 시정촌에서 농업연수를 실시했다. 이는 3일부터 10일까지의 단기코스와 6개월 이상의 체류형 연수 등 중간 조직에 따라 다양한 연수가 이뤄졌다. 연수 프로그램은 농작업, 농산물 가공 및 판매, 전통공예, 축제 보존, 농가민박 운영 등이다. 농업연수생의 77퍼센트가 20대, 30대 순이다. 이들은 각각 47퍼센트와 30퍼센트의 높

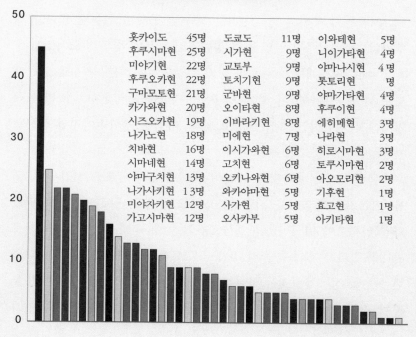

'전원에서 일하는 부대' 활동지역

지역	인원	지역	인원	지역	인원
홋카이도	45명	도쿄도	11명	이와테현	5명
후쿠시마현	25명	시가현	9명	니이가타현	4명
미야기현	22명	교토부	9명	야마나시현	4명
후쿠오카현	22명	토치기현	9명	톳토리현	명
구마모토현	21명	군바현	9명	야마가타현	4명
카가와현	20명	오이타현	8명	후쿠이현	4명
시즈오카현	19명	이바라키현	8명	에히메현	3명
나가노현	18명	미에현	7명	나라현	3명
치바현	16명	이시가와현	6명	히로시마현	3명
시마네현	14명	고치현	6명	토쿠시마현	2명
야마구치현	13명	오키나와현	6명	아오모리현	2명
나가사키현	13명	와카야마현	5명	기후현	1명
미야자키현	12명	사가현	5명	효고현	1명
가고시마현	12명	오사카부	5명	아키타현	1명

은 비율을 차지했다. 전체 416명 가운데 절반에 가까운 202명이 연수가 끝나고, 해당지역에 정착했다. 이렇게 육성된 농업인들은 장차 마을기업을 이끄는 든든한 버팀목이 되리라 믿어 의심치 않는다.

동일본 대지진을 계기로 안전한 먹거리, 자급, 친환경 등에 대한 일본인들의 관심이 커지면서 농촌지향, 농촌회귀 현상은 더욱 뚜렷해질 것이다. 특히, 고령화 사회를 맞은 일본에서 단까이團塊: 전쟁에서 패망한 이후 1947년에서 1950년 사이에 태어난 세대로 일본의 고도성장을 일으켜온 주역 세대. 세대는 다양한 경력을 갖추고 있기 때문에 농촌과 지역사회에서 지역활성화의 든든한 인력풀이 될 수 있다. '전원에서 일하는 부대'와 '지역진흥협력대'는 이와 같은 시대적 흐름과 맞물리면서 도시민을 농촌으로 이어주는 충실한 가교 역할을 하고 있다.

지금까지 우리의 접근방식은 외부 전문가의 컨설팅 또는 마을 주민의 교육, 사무장 임명 등의 형태지만 일본의 경우는 도시민과 농촌을 바로 연결해주기 때문에 훨씬 직접적이다. 하지만 우리 농촌에서도 귀농, 귀촌자들이 중심이 되어서 마을을 활성화시키고 마을 경영체에서 핵심적인 역할을 하고 있다. 아직은 제한적이지만 충분한 가능성을 입증하고 있는 것이다.

국내에서도 베이비붐 세대의 은퇴가 본격적으로 시작됐다. 귀농, 귀촌자들과 농촌을 지향하는 도시민들은 농촌에는 큰 잠재력을 가진 인력풀이 될 수 있다. 도농교류를 물적 자원에서 인적자원으로 확대하고, 도시민과 농촌의 잠재적 수요를 발굴해 연결해주는 다양한 실험을 정부차원에서 서둘러야 한다. 더 많은 연구와 실제적인 노력이 거듭되어야 할 것이다. 귀농 관심자가 부쩍 많아지고 있는 요즘, 전문 인력이 필요한 농촌의 가교 역할을 돕는 제도가 절실히 필요한 것이다.

마을이 살아야 공동체가 산다. 공동체가 있어야 마을이 존재한다. 혼자서는 할 수 없다. 함께할 때, 비로소 가능하다. 공동체가 사는 길은 의외로, 단 한 사람으로부터 시작된다. 그 한 사람의 불꽃이 마을로 번지게 되면 그들은 한 마음의 공동체가 되고, 충실한 마을기업이 된다. 필자는 이 과정을 몸소 발로 뛰며 확인했다. 우리 마을 공동체를 이끌 당신, 마음의 준비가 되었는가? 이제 함께 뛰는 일만 남았다!

1. 국내자료

김종민 · 지경배 · 이영길 공저, 《마을기업의 진화》, 강원발전연구원, 2012. 5. 29.

김창규, 《지역사회를 비즈니스하다》, 도서출판 아르케, 2010.

김판용 · 신정일 · 조용헌 공저, 《모악산 Ⅱ_위대한 어머니의 산》, 전북도민일보사, 2001.

농림 수산 식품부, 《농어촌공동체회사 사례집》, 2010. 12.

박원순, 《마을회사》, (주)우리교육 검둥소, 2011.

성주인 · 채종현 공저, 〈농어촌의 과소화 마을 실태와 정책과제〉, 한국농촌경제연구원, 2012. 6. 8.

송두범 · 박춘섭 · 김종수 · 장효안 · 홍은일 공저, 〈충청남도 사회적 기업 및 마을기업 실태조사와 해결과제〉, 충남발전연구원, 2013. 4. 19.

우장명 · 반기민 공저, 〈충청북도 마을기업 현황과 육성과제〉, 충북발전연구원, 2012. 5. 24.

정윤성, 〈농촌지역 활성화를 위한 전문 인력 운영에 관한 연구_전북지역 체험마을을 중심으로〉, 예원예술대학교 문화영상창업대학원 석사논문, 2010.

채종현, 〈농어촌의 과소화 마을 실태와 정책과제〉, 한국농촌경제연구원, 2012. 6. 8.

한상복 외 공저, 《한국인의 뿌리》, 〈함께 일하고 함께 즐기던 두레〉, 서울사회발전연구소, 1984.

한승욱, 〈마을기업, 지역 공동체 회복의 희망〉, 부산발전연구원, 2011. 6. 7.

행정안전부, 〈행정안전부 보도자료〉, 2011. 12.

행정안전부, 〈행정안전부 보도자료〉, 2013. 4.

2. 국외자료

노우린츄우킨소우고연구소(農林中金総合研究所), 〈조사와 정보(農中総研 調査と情報)〉, 제10호, 2009.1.

농촌을 지향하는 단까이(團塊) 세대를 맞고 싶다, 아사히신문(朝日新聞), 2007. 1. 29.

니시야마 야스오 · 니시야마 야에코 공저, 김영훈 · 김기수 · 최광복 옮김, 《영국의 거버넌스(governance)형 마을 만들기》, 기문당, 2009.

마하트마 간디, 김태인 옮김, 《마을이 세계를 구한다》, 녹색평론사, 2011.

무라야마 모토노부(村山元展), 〈농촌커뮤니티 비즈니스의 실태와
　　전망(農村コミュニティビジネスの実態と展望)〉, 지역정책연구 제12권, 타카자키(高崎)
　　경제대학지역정책학회, 2009. 7.

소네하라 히사시, 《일본의 농촌은 보물산(日本の田舎は宝の山)》, 일본경제신문출판사, 2011.

소네하라 히사시, 《마을기업가 되기(農村起業家になる)》, 일본경제신문출판사, 2012.

아미타지속가능경제연구소, 김해창 옮김, 《아이디어 하나가 지역 경제를 살린다》, 생각비행,
　　2011.

'일어서는 농산어촌(立ち上がる農山漁村)' 마을기업 부지사 방문, 니이가타일보(新潟日報),
　　2007. 5. 31.

'일어서는 농산어촌(立ち上がる農山漁村)' 니이가타현 최초 인정,
　　일본농업신문(日本農業新聞), 2007. 5. 31.

전국상공회연합회, 〈농상공연계특집 쇼코카이(Shokokai : 전국상공인연합회에서 발행하는
　　월간정보지)〉, 2008. 7.

제철 만난 칸모치(寒餅) 만들기, 키타니혼신문(北日本新聞), 2013. 1. 22.

타테야마쵸(立山町), 〈코우호 타테야마(広報たてやま): 타테야마 지방 자치 단체의 하나(市와 村의
　　중간 단위)에서 발행한 광고 홍보지〉, 2010. 3.

3. 링크

www.vill.ogawa.nagano.jp 나가노현 오가와무라

http://agri-biz.jp 농업 비즈니스

www.rdpc.or.jp 농촌개발기획위원회

www.watashi-kigyou.com 와사시또 기업닷컴

www.maff.go.jp 일본 농림수산성

www.soumu.go.jp 일본 총무성

www.cbcenter.kr 커뮤니티비즈니스센터

성공하는 마을기업을 위한
6가지 전략

1. 서플라이 체인: 외부 의존도를 낮춰라

원재료 확보, 가공, 생산이 마을 내부에서 이뤄져야 부가가치가 유출되지 않고 고스란히 마을에 떨어질 수 있다. 외부의존도가 높을수록 기업운영의 안정성은 낮아진다.

2. 서플라이 체인: 핵심기술 없이 마을기업은 없다

변화무쌍한 경영환경에서 다양한 마케팅 전략을 구사하려면 핵심기술을 확보하고 있어야 된다. 마을기업이라고 해서 결코 예외가 아니다.

3. 서플라이 체인: 팔 수 있는 만큼 만들어라

극단적으로 말해서, 유통이 해결되지 않으면 생산해서는 안 된다. 마을기업의 시작은 단순한 생산이 아니라, '판매처를 확보한 생산'이다.

4. 목마른 주민이 마을기업을 만들어야한다

마을기업을 인위적으로 만들기는 어렵다. 정부가 지원해도 한계가 있다. 목마른 주민들이 샘을 파는 것이 마을기업 설립의 최적의 조건이다.

5. 탄탄한 공동체성을 확보하라

오랜 시간에 걸쳐 단계적으로 성장해온 경영체가 마을기업으로 발전하는 것이 가장 이상적이다. 공동체에 뿌리를 내리고 있기 때문이다.

6. '사람'을 찾으면 '기업'이 보인다

훌륭한 마을기업가는 마을기업의 처음이자 끝이다. 마을기업에 대한 지원은 마을기업가를 발굴, 교육, 양성하는 것이어야 한다.